重新定义私人银行

核心理念、体系与策略

中信银行股份有限公司 / 著

中信出版集团 | 北京

图书在版编目（CIP）数据

重新定义私人银行：核心理念、体系与策略 / 中信银行股份有限公司著 . -- 北京：中信出版社，2020.12
ISBN 978-7-5217-2333-5

Ⅰ . ①重… Ⅱ . ①中… Ⅲ . ①私人投资 – 银行业务 – 研究 Ⅳ . ① F830.35

中国版本图书馆 CIP 数据核字（2020）第 195915 号

重新定义私人银行——核心理念、体系与策略

著　　者：中信银行股份有限公司
出版发行：中信出版集团股份有限公司
（北京市朝阳区惠新东街甲 4 号富盛大厦 2 座　邮编　100029）
承 印 者：北京诚信伟业印刷有限公司

开　　本：787mm×1092mm　1/16　　印　　张：17　　字　　数：172 千字
版　　次：2020 年 12 月第 1 版　　印　　次：2020 年 12 月第 1 次印刷
书　　号：ISBN 978−7−5217−2333−5
定　　价：55.00 元

《重新定义私人银行》编审委员会名单

目　录

前言

随着我国社会财富积累速度不断加快，高净值人群总量迅猛增加，财富管理业务不断发展。自2007年以来，多家商业银行相继设立了私人银行部门，为高净值人群提供私人银行服务。历经十余年市场竞争的洗礼，中国私人银行业通过积极探索，正逐步形成具有中国特色的私人银行经营理念、服务模式和产品服务体系。私人银行服务顺应了高净值客户财富增长、财富传承以及跨境服务等需求，特别是在巩固民营企业经营信心、助推经济转型升级、增强人民群众幸福感、稳定社会大局等方面做出了贡献。《中国私人银行行业发展报告》数据显示，中国高净值人群数量快速增长，从2008年的36万人增长至2017年的126万人，复合增长率达15%。与此同时，中国财富管理市场成为亚太乃至全球范围内规模增长最快、最具潜力的领域之一，2017年中国高净值人群财富总量在亚太地区占比高达30%。各家私人银行依托在商业银行业务经营中积累的客户基础，借助中国私人财富管理市场和高净值人群规模的快速扩大，在私人银行客户数量和管理总资产规模上逐年倍增。私人银行业务反映了商业银行对顶尖客户的服务能力，其客户价值贡献度持续提升。“得零售者得天下，得私人银行者得零售”已成为共识，私人银行业务将是未来零售制胜的关键所在。

当前，市场、经济形势及监管政策发生了变化和调整：一方面，反洗钱及税收管控政策进一步趋严并向国际体系接轨；另一方面，资管新规实施，金融去杠杆、去错配及影子银行管理力度加大；此外，中美贸易摩擦不断升级也带来更多的不确定性。环境形势的变化促使高净值客户的需求从简单的财富保值、增值向关注产品筛选、资产配置、风险控制及客户体验升级转变。在接连经历了股市震荡、债市波动、楼市起伏、P2P（点对点借贷平台）爆雷后，高净值人群的投资心态逐渐调整，投资性房地产配置比例逐年下降，投资风格整体趋于稳健。资产保值、平稳传承、长期收益成为高净值客户的最主要诉求。此外，高净值客户的财富管理需结合家族企业战略、家族规划、传承计划等因素进行全盘考量，对于专业建议、税务、法律咨询的需求也更加强烈。

《重新定义私人银行——核心理念、体系与策略》一书基于中信银行在私人银行业务领域中的成长经验，系统地分享了私人银行的核心理念、产品与服务体系和经营策略。作为我国第一批开展私人银行业务的试水者与领航者，中信银行深刻理解私人银行"以客户为中心"服务理念的精髓与实质，立足于"想客户之所想，急客户之所急"，把客户需求贯穿于私人银行服务全过程；尊重客户的价值追求，通过私人银行客户生命周期与全价值链管理，培养客户忠诚度。中信银行通过客户资源整合、共享客户资源理念，整合开放平台，进行资源共享，与客户联动发展，实现互惠互利。同时，中信银行强调差异化服务理念，进行分层管理，构建差异化服务体系，实行差异化经营策略；倡导长期价值理念，关注存量客户价值，关注客户长期价值，正确处理短期绩效与长效发展问题；践行卓越服务理念，对客户进行4A服务，即满足任何客户、任何时间、任何地点的任何需求，打造有品位、高品质、强品牌的私人银行服务体系。我们希望通过此书帮助读者掌握私人银行业务的经营理念、经营策略、产品服务体系与流程、风险管控等内容，从而不断提升私人银行与财富管理从业人员的履职能力，推动私人银行业务更加规范且健康发展。

《重新定义私人银行——核心理念、体系与策略》有五个鲜明特点：一是主题鲜明，重点突出，为私人银行从业人员提供了高净值客户需求管理、个性化服务和精准营销的启示，帮助私人银行及财富管理从业者、实践者们找到获客与卓越服务的突破口，创造性地提升高净值客户开发的思路，便于行业人员学习、借鉴并在实际工作中加以运用，有利于帮助私人银行家们提升营销业绩；二是策略务实、技巧性方法简便可行，有利于启发行业先行者创新服务思维，创造性地开展工作；三是与现实紧密结合，可操作性强，比如分析客户心理把握其需求、家族信托客户群的营销技巧等，为大家提供了行之有效的方法论指导；四是有助于私人银行业务管理者根据团队成员的不同特点和专业能力差异，因材施教，有的放矢创新管理模式与工作方法，激发团队的主观能动性和创造性；五是内容全面且体系化，有利于私人银行从业人员全面把握私人银行服务全价值链，正确处理好客户需求管理、价值创造与风险管控的关系，全面提升客户关系营销与管理能力、价值创造能力，增强私人银行的核心竞争力与品牌美誉度。

在私人银行业务探索中，我们希望通过自身的实践分享，帮助财富管理同业者结合自身特点和优势，更好地挖掘、引领和创造高净值客户需求，同时进一步加强金融机构间的协同合作，助力中国私人财富管理领域的健康发展。

中信银行股份有限公司

2020年9月

第一章

私人银行发展现状

第一节　开疆拓土的财富管理市场

关于什么是财富管理，目前业内仁者见仁、智者见智，众说纷纭。有的学者将财富管理等同于私人银行，强调其着力从客户价值出发，打造高品质服务体系，以谋求私人银行业务的发展；有的学者则从大类资产配置角度出发，强调其着力依靠资产管理能力的提升，来谋求财富管理业务的创新与发展。

笔者认为，所谓财富管理，是运用金融和非金融工具，为客户财富规划、增长、分配、配置、运用和传承提供管理服务，以期实现财富效用最大化的过程。因此，财富管理是一个内涵丰富的宽泛概念，既包含金融服务，又包含非金融服务，既包含客户财富的增长，又包含客户财富的传承。运用理财、基金、保险、信托等金融工具为客户提供财富管理和传承服务，属于金融服务的范畴；为客户提供子女教育规划、慈善、健康、商旅等服务，则属于非金融服务的范畴；而诸如合理避税、养老、法律咨询等服务，无疑属于金融服务与非金融服务相融合的范畴。财富管理市场是对于提供财富管理服务的机构、接受财富管理服务的客户（机构与客户之间业务关系）的统称。

一、内外部环境促发展

新中国成立70多年来，中国经济增长取得了举世瞩目的成绩。改革开放让我国生产力得到了极大释放，为我国综合国力的增强、居民财富水平的提升注入了强大的动力。随着中国市场经济体制的确立和成熟，中国从贫穷落后、工业基础薄弱的国家发展成为全球第二大经济体，居民收入显著提升，私人财富高速积累。这段时间，中国的高净值人群增长速度领先全球，这为国内财富管理行业的快速发展提供了重要的基础。

1952年，我国国内生产总值仅为679亿元，人均国内生产总值为119元。2018年，我国国内生产总值达到900 309亿元[①]，占世界经济的比重接近16%。按不变价计算（剔除通货膨胀影响），2018年国内生产总值比1952年实际增长175倍，年均增长8.1%，创造了人类历史上前所未有的发展奇迹。

随着改革开放的不断深入，我国产业结构持续优化升级，实现了从结构单一到百业兴旺的跃迁。当下，我国已成为世界经济第二大国、货物贸易第一大国、外汇储备第一大国、服务贸易第二大国、使用外资第二大国、对外投资第二大国。

总量方面，伴随着国内经济的高速增长，居民收入也在持续增加。1956年全国居民人均可支配收入仅为98元，1978年全国居民人

---

① 数据来源：国家统计局《沧桑巨变七十载 民族复兴铸辉煌——新中国成立70周年经济社会发展成就系列报告》。

均可支配收入仅为171元。改革开放以来，经济持续快速发展带动城乡居民收入水平不断提升。2018年，全国居民人均可支配收入达到28 228元，高于中等收入国家的水平。数据显示，2018年我国个人可投资金融资产600万元以上的高净值人群数量已经达到167万人，可投资金融资产达到近150万亿元。综合测算下来，国内财富管理市场的总规模已超124万亿元。国内经济的高速增长铸就了巨大的财富管理市场。

结构方面，在供给侧改革去产能、优结构不断深化的背景下，随着战略性新兴产业发展政策不断推进，互联网+、生物科技、新能源、5G（第五代移动通信技术）粉墨登场，为中国经济发展注入新动能。数据显示，新经济崛起下的创富效应，使得以企业中高级管理层和专业人群为代表的新富群体大量涌现，从2017年至2019年，其占全部高净值人群比例的提升幅度达到10%。传统行业转型升级也加快了步伐，造就了一批“新生力”创富人群，使得高净值人群在结构上更为多样，在需求上更为多元。

二、新的机遇与挑战

经济的飞速发展、产业结构的不断升级、居民收入的不断增长为财富管理市场带来了重要的发展机遇。但是，随着中国经济的体量不断变大，国内的资源红利、人口红利、政策红利相继开始衰竭，经济增长动能出现了边际转弱的迹象。

近些年来，可以大幅提升生产力的突破性新技术革命尚未出现，全球经济缺乏新的增长极，全球主要经济体的经济增长持续承压。经济数据的表面增长在很大程度上仍然得益于大国的货币量化宽松政策，全球经济的内生增长动能开始转弱。在增量有限、存量博弈的格局下，全球政治、贸易环境出现了多元恶化的态势，这为国内经济的进一步增长增添了较大不确定性。

2018年第2季度，中央对国内经济运行情况开始表现担忧："当前经济运行稳中有变，面临一些新问题、新挑战，外部环境发生明显变化。"2018年第3季度，中央对经济增长的担忧有所上升："当前经济运行稳中有变，经济下行压力有所加大，部分企业经营困难较多，长期积累的风险隐患有所暴露。"2018年年底，中央对经济形势严重程度的表述为："经济运行稳中有变、变中有忧，外部环境复杂严峻，经济面临下行压力。"2019年第1季度的中央政治局会议对于经济增长的表述变为："经济运行仍然存在不少困难和问题，外部经济环境总体趋紧，国内经济存在下行压力。这其中既有周期性因素，但更多是结构性、体制性的。"2019年7月的中央政治局会议指出："当前我国经济发展面临新的风险挑战，国内经济下行压力加大，必须增强忧患意识，把握长期大势，抓住主要矛盾，善于化危为机，办好自己的事。"在并不乐观的外部环境影响下，随着国内经济增长红利的不断消退，GDP（国内生产总值）增速换挡下行。从中央政治局会议对经济形势的表述中我们可以看出，当前国内经济下行压力正在不断加大。

展望未来，在技术突破尚未到来、生产力无法实现大幅飞跃的环境下，全球政治、贸易环境短期内难以根本性改善，潜在的风险和隐患短时间内难以消除，国内经济增长仍将面临较大挑战。

经济的变数和不确定性长期存在，将对财富管理行业的资产端和客户端产生巨大的影响，优质资产的稀缺性增加、收益性下降、风险性上升的趋势将难以逆转。客户的财富管理诉求多元化、综合化、复杂化趋势将越发明显，这对我国财富管理业务的市场格局、产业发展将产生深远的影响，也将为我国私人银行业务带来新的挑战和机遇。在这样的环境下，真正做到以客户为中心、能够为客户提供专业优质服务的财富管理机构必将获得客户认可，脱颖而出。

（一）财富管理业务特点和市场格局

1. 财富管理业务特点

如前文所述，财富管理是运用金融和非金融工具，为客户财富规划、增长、分配、配置、运用和传承提供管理服务，以期实现财富效用最大化的过程。这样的服务定位使得财富管理业务具有私密性、个性化、全面性、专业性的特点。

财富管理业务具有私密性。客户基于对财富管理机构的信任，将个人资产委托于财富管理机构，将个人信息交付给财富管理机构。财富管理机构基于委托人个人及家庭信息，为客户提供与其相匹配的一揽子金融与非金融服务解决方案。在此过程中，财富管理机构对财富管理方案及客户信息进行高度保密，确保客户隐私及个人权益不受侵犯，这是财富管理机构最基本的义务。

个性化、定制化是财富管理业务的重要特征。高净值客户往往是各行各业的翘楚，不同客户的风险偏好、收益目标、服务诉求不尽相同，而且呈现出了多元化、复杂化、综合化的态势。财富管理机构需要为客户提供量身定制的专属产品和综合金融解决方案，以最大程度地契合每一位客户的诉求。

财富管理业务有着全面性的特点。财富管理机构为客户提供综合化金融及非金融服务，包括但不限于资产管理、财富传承、税务筹划等方面的金融服务，以及子女教育、医疗健康、旅行休闲等方面的非金融服务。财富管理机构需要充分发挥自身资源优势，尽可能满足客户的多方位诉求，以实现最佳客户体验。

财富管理业务有着专业性的特点。目前，国际上从事私人银行服务的理财师大多拥有国际金融理财师、注册金融分析师、认证财务顾问师或特许财富管理师等国际通用的理财师认证资格。财富管理行业从业人员需要具备投资、法律、税务、企业管理咨询乃至教育、收藏等领域的一种或多种专业素养，具有为高净值客户日益复杂的需求提供综合化解决方案的能力。

综上所述，与普通大众理财服务相比，财富管理在提供服务的内容上更加综合全面，所服务的客户有着更高的准入条件，在服务方案的制订上更为全面立体，在服务资源的匹配上更具针对性。

2. 财富管理机构

随着财富管理行业的兴起，各类机构大举进军财富管理市场，出现了百花齐放、百家争鸣的市场格局。目前，国内市场主要的财富管理机构包括银行、信托公司、保险公司、基金公司、券商及其他第三方财富管理公司等。金融产品涵盖银行理财、债券投资基金、股票投资基金、券商资管计划、保险资管产品、投资型保险、股权投资基金、信托计划等等。

银行：自2007年以来，国内商业银行在充分借鉴海外私人银行运作经验的基础上，立足于国内财富管理市场环境及高净值客户需求，逐步开展了具有本土特色的私人银行业务。商业银行有着较强的客户积累及数据沉淀，资产储备丰富，风险控制能力出色，渠道网络覆盖面广，品牌认可度、客户信任度高。但是由于风险控制优先的经营要求，商业银行业务灵活性相对较低，资产配置过度依赖固定收益类理财产品，独立的产品研发及业务创新能力不足。不过凭借其雄厚的客户基础及品牌信任度，商业银行私人银行业务在财富管理市场中一直处于中流砥柱的地位。当前，国内商业银行金融资产已经达到265万亿元。

信托公司：信托公司也是财富管理行业的重要成员，有着宽泛的经营范围和灵活的业务空间，展业领域横跨货币市场、资本市场和实业投资市场。信托公司金融创新能力强，专注高端客户服务，有着丰富的非标资产选择和管理经验。信托架构的设计可以实现传统金融产品无法实现的风险隔离、传承保障、权益重构等功能。其缺点是：在细分领域开展业务的法律依据仍不完善，过度依赖固定收益类资产，对证券交易市场的权益类、债券、衍生品类资产投资经验较为欠缺。截至2018年年末，全国68家信托公司管理的信托资产规模为22.70万亿元。

保险公司：保险资产管理公司是国内少有的能够全面覆盖权益类、固定收益类、外汇投资类、实体产业投资类等不同风险业务领域的资产管理机构。保险的功能与财富管理目标高度契合，可以满足客户财富管理规划、生命规划、家庭规划及职业规划需求，同时能满足不同层次人群财富管理需求。保险可以灵活高效地管理生命周期的风险，降低高净值人群的财务风险，降低家庭的税负，实现债务隔离。但是，国内保险投资理念尚不成熟，行业整体的美誉度有待提高。当前，我国保险业总资产为19.5万亿元。

基金公司：配备有业内顶尖的投资研究团队和先进的投资研究体系，拥有宏观经济、政策分析、大类资产配置、行业研究等领域的专业研究力量，在权益投资领域资产管理经验丰富，但是在资产投向上较为单一，非金融服务能力有限，在财富管理领域的市场占有率不高。当前，我国公募基金资产总额已超14万亿元。

券商：在财富管理行业中，券商的优势主要体现在细分领域的投资能力、研究能力以及资产获取能力上。券商拥有庞大的研究团队，可以聚合研究力量助力财富管理业务转型。券商可以利用多牌照优势，实现不同业务线之间的资源整合。但是相较于商业银行，券商渠道销售能力较弱，客户基础和资产规模较低（客户对券商的品牌信任度不如商业银行）；在非金融服务领域，券商的力量也较为薄弱。当前，全国131家证券公司总资产为7.05万亿元。

第三方财富管理公司：市场上那些独立于银行、保险、证券、基金等金融机构的财富管理公司，其较高的业务灵活度及较为中立的市场定位使之可以较好地践行以客户为中心的服务理念。其缺点在于：自身渠道较少、监管覆盖有限、风险控制能力弱、品牌信任度较低、团队专业性参差不齐。

随着资管新规的落地，在明确净值化管理要求、叫停通道业务后，财富管理市场格局或将发生变化。银行及部分非银行金融机构的角色将分别由资金提供者及通道提供者转为主动管理者，实现角色的转变。

3. 私人银行行业格局

在过去10年，国内商业银行私人银行品牌仍然处于创立初期——市场对财富管理理念的认知仍然较浅，国内商业银行私人银行主要通过网点渠道建设、广告投放、客户活动等方式进行品牌推广。在经历了跑马圈地的粗放式扩张后，市场对私人银行这一业态也有了更为深入的了解，一些品牌推广能力强的机构取得了先发优势。在此期间，许多商业银行凭借其在长期经营过程中沉淀下来的庞大客户群体，实现了私人银行业务规模的快速增长。一些客户基础好、品牌影响力高的金融机构取得了市场竞争的主动权。贝恩公司的研究显示，中资私人银行的AUM（资产管理规模）在2018年已经达到12.31万亿元的水平，私人银行的客户数量在2018年已经达到90.77万。

国内商业银行私人银行目前已形成了以招行与工、农、中、建四大行为第一梯队，以中信和平安为代表的股份制商业银行为第二梯队，以城市商业银行为代表的地方性银行为第三梯队的行业竞争格局。

以工商银行为代表的四大行渠道网点多、客户群基础广，私人银行条线相对独立，资管、投行、科技齐头并进，综合竞争实力较强。而股份制商业银行的私人银行业务各有特色，与四大行私人银行形成差异化竞争。招商银行私人银行品牌认可度较高、客户价值挖掘能力强，打造了以投资顾问服务为核心的专业服务体系，在专业队伍的建设、业务体系架构的设计与落地实践等方面做了较多前瞻性的布局，在国内私人银行业品牌美誉度较高；中信银行通过集团资源整合充分发挥其差异化禀赋优势，通过职业化、专业化、知识化人员队伍建设提高服务专业性，通过企业家客户群千人计划方案的实施，结合大数据技术的应用，实现服务与客户需求的精准匹配；平安银行则通过盘活集团寿险客户资源，以科技赋能提升综合竞争力，通过“私人银行+投行”的业务模式构建，为企业家提供了一站式传承服务；民生银行建立了零售、公司、金融市场等条线横向联动机制，制定了企业家客户群立项管理办法，建立了企业家客户群产品和服务体系；兴业银行的普惠金融事业部建立了联合考核机制，通过工商登记信息进行大数据精准营销。

时至今日，从市场份额来看，财富管理市场尚未出现绝对的领导者。占有相对主导地位的商业银行私人银行客户数在高净值人群中占比仅为20%左右，在银行系内部，其集中度并不高。

可以预见的是，在下一阶段，财富管理市场将进入稳定成长期，行业将出现更为激烈的竞争，这将对私人银行的精细化经营能力带来巨大考验。只有真正做到“以客户为中心”，为客户提供其他机构无法提供的服务，实现最佳客户体验，才能在财富管理的角逐中胜出。这一过程必将伴随着财富管理机构的优胜劣汰和品牌集中度的提升。

（二）高净值人群需求变化趋势

相较于海外市场，国内私人银行市场仍处于起步阶段。调查数据显示，中国私人银行高净值人群渗透率不到10%。高净值人群希望获得个性化、专业化、综合化产品和服务的需求与日俱增，国内私人银行业未来的发展空间较大。

1. 海外投资需求上升

伴随着我国改革开放的持续深化，海外并购投资风起云涌，新兴工业化经济体在金融国际化中的作用日益增强，信息革命为金融国际化提供了强大的技术支持，金融国际化的依存度显著提高。在“全球化”大潮下，国内投资者具有强烈的全球资产配置意愿，我国高净值人群开始寻找海外配置渠道，越来越多的客户开始关注跨境投资，期望通过全球资产配置实现更有效的分散化投资。

相关调查显示，科学合理地进行“资产配置，分散风险”、确保财富的“保值、增值”、“为子女境外留学做准备”仍然是高净值人群跨境金融投资最主要的三个目的。高净值人群跨境金融投资产品的广度和深度均有所延伸，外汇存款、股票、债券、基金和保险仍然是高净值人群跨境金融投资配置中最普遍的五种产品。另外，私募股权投资、风险投资、开设境外公司和信托等金融配置的比例也有较明显的提升。研究发现，后四种跨境金融配置比例的增加主要是因为31～45岁、亿元以上资产等级、具有较高学历且受过系统金融知识教育的人群购买比例显著提升，该人群以企业家、企业高层、职业经理人为主。

2. 非金融需求增长

在中国经济和居民可支配收入高速增长的早期创富阶段，国内高净值人群最主要的诉求在于追求个人财富的快速增值，主要体现在金融投资需求的高速增长方面。随着中国经济步入稳定成长阶段，高净值人群在个人价值实现过程中，有着更为广泛和丰富的追求。这一变化主要体现在对非金融需求的增长，包括子女教育、养生休闲、医疗健康、税务筹划等方面。

中信银行与胡润百富联合发布的《2016年中国高净值人群出国需求与趋势白皮书》显示：

在非金融需求方面，高净值人群最感兴趣的话题是旅行度假，该话题占比达 55.8%；接下来是健康养生和时事新闻，占比分别为52.9%和43.6%。从性别上看，男性在金融投资、时事新闻和体育运动方面的关注度明显高于女性，而女性在时尚购物、家庭育儿和美食佳肴方面的关注度明显高于男性。运动作为保持健康体魄和养生的最主要方式，越来越受到高净值人群的关注，87.7%的人群爱好运动；其他兴趣爱好还包括家庭活动、艺术、旅游和美食，其关注的人群占比分别为62.5%、60.6%、51.3%和48.1%。高净值人群对家庭生活满意度最高，其次是家人健康生活满意度、工作满意度。在安全感方面，高净值人群的满意度稍弱。我们通过定性访谈发现，这主要是当前中国环境污染、食品安全、经济形势等因素所致。

3. 大类资产配置需求上升

国内经济增长进入新常态，资管新规从供给端重塑产品形态，打破刚兑，改变了产品供应格局，2018年股灾及贸易摩擦使得人们对风险有了更为清晰的认识；汇市改革及对外开放力度的提升提振了海外资产配置需求；房地产调控开始动摇人们对地产只涨不跌的信仰，当“爆雷”已不再鲜见、“违约”已不再新鲜时，高净值客户意识到了多元化资产配置的重要性，对大类资产配置理念的认可度不断提升。

调查数据显示，过去10年，高净值人群在银行理财、资本市场产品、境外产品、私募股权的配置中占比不断上升。2007年，中国个人可投资资产中逾七成为现金及存款。近年来，个人可投资资产中现金及存款的占比已降至一半以下，投向金融资产的占比则大幅增长至近四成。除了传统的股票、债券、公募基金、银行理财和保险产品外，信托、基金专户、券商资管、私募股权等其他投资品种都实现了高速增长。

高净值人群的资产配置偏好正在从市场单一、资产类别有限、产品形态简单的传统理财产品配置，向全球化、多资产类别、产品形态复杂且功能多样的综合化资产配置方案变迁，这对私人银行资产配置的专业性及全面性提出了更高要求。

4. 财富传承需求上升

中国第一代企业家以60后居多，平均年龄55岁，借助改革开放的春风，迅速扩张并建立起自己的商业帝国。二代企业家是指拥有继承上一辈（父母辈）企业家物质财富和精神财富权利的群体。二代企业家主要分为二代接班人和创二代企业家。二代接班人是指直接继承上一辈的企业，并助力发展该企业的群体。创二代企业家则是利用上一辈的物质财富，寻找新的创业机会，并开创全新企业的群体。

创富的一代企业家，需要直面家族企业传承的难题。一代企业家平均年龄55岁，正处于代际传承的关键节点，对于家族企业，他们正面临持续经营或业务转型的选择。二代企业家肩负守富和传富的使命，规划家族传承的时间更早。二代企业家平均年龄38岁，偏向于在年轻时就开始规划家族传承事宜。

中信银行、胡润百富联合发布的《2018中国企业家家族传承白皮书》显示，企业家家族财富传承的内容包括两个方面。第一个方面是企业传承，或者说股权传承。股权是家族企业财富的象征，拥有股权意味着拥有企业。定性研究发现，企业家重视企业传承，因为家族企业是他们创造财富和维持家族长久发展的基石。第二个方面是财富传承，包括不动产（例如房产）、金融类资产和其他类型的资产（例如艺术品等）。定性研究发现，一代企业家的财富传承都比较简单，积累财富的过程也较为漫长。他们对于传承秉持相对传统的思想，财富形式以固定资产、存款、理财为主。相比之下，二代企业家的财富形式更加多元化，除上述传统财富形式外，还涉及信托、保险、艺术品等其他一系列方式，因此，在资产配置以及传承方式上有更加多样化的需求。

在企业家偏好的家族传承方式中，无论是一代企业家还是二代企业家，对于专业机构（律师事务所、信托公司、私人银行）的偏好都排在第一梯队。此外，家族信托规划在助力企业家家族传承中也排在第一梯队，资产配置规划排在第二梯队，投资及风险管理、法律与税务规划及遗产与继承规划则处于第三梯队。

第二节 成长中的私人银行业务

私人银行业务指的是商业银行等财富管理机构面向社会富裕人群提供的以财富管理为核心的专业化一揽子高端金融服务的总称，是财富管理业务的延伸与升华。私人银行业务起源于欧洲，至今已有数百年历史。10余年来，随着国内高净值人群的迅速崛起，国内财富管理需求迅速增加，多家国内商业银行纷纷成立私人银行机构，“跑马圈地”式地角逐高端客户市场。经过近些年的快速发展，国内私人银行业务模式的成熟度有所提升，私人银行业务模式已成为我国商业银行业务模式的重要一支。

我们需要看到的是，国内财富管理机构仍处于成长期，相较于海外成熟机构仍有较大差距。国内财富管理机构总体呈现出集中度低、品牌树立与渗透率低、业务范围小、投资范围窄的特点。但是，本土金融机构对国内居民需求更为了解，且相较于海外金融机构有着更多的网点渠道，存在弯道超车的可能。

一、私人银行的五大业务特征

私人银行业务是财富管理业务的延伸与升华。私人银行为客户提供包括资产管理、规划投资乃至养生医疗、子女教育在内的一系列金融及非金融服务。由于其服务对象为顶端客户群，为客户提供的也是最为顶尖的优质服务，所以私人银行也被称为零售皇冠上的明珠。我国私人银行业务有着以下特点。

（一）私人银行业务发展前景广阔、成长性好

自改革开放以来，中国经济持续增长，居民财富随之高速增长。从早期的农业到制造业、房地产业，再到当下互联网新经济等行业的蓬勃发展，不同行业你方唱罢我登场，奏响了壮丽辉煌的乐章。在这一过程中，创富阶层登上历史舞台，完成了快速的财富积累，成为第一代中国私人银行客户群体。时至今日，高净值人群的数量仍在稳步增长。高净值人群总体呈现出三个特征：一是人群基数高、增速快；二是财富规模庞大、增长快；三是成员行业多样、职业多元。这些特征为私人银行业务发展提供了巨大的市场机遇与广阔的市场空间。

1. 高净值人群基数高、增长快

得益于中国经济的长期高速增长带来的收入水平提升，国内高净值人群有着可观的规模。中信银行与胡润百富共同发布的《进取·使命·思变2019解码中国“新生力”白皮书》显示，截至2018年12月31日，大中华区拥有3 000万美元可投资资产的“国际超高净值家庭”数量达到5.3万户；拥有亿元可投资资产的“超高净值家庭”数量达到7.5万户；拥有千万元可投资资产的“高净值家庭”数量达到106万户；个人可投资金融资产600万元以上的高净值人群数量达到167万；中国高净值人群总人数稳居全球第二。

招商银行与贝恩公司的统计数据显示，2018年，可投资资产（包括金融资产和投资性房地产）在1 000万元以上的中国高净值人群数量达197万，较2016年增加了近40万，增幅约25%（见图1-1）。自2008年金融危机以来，中国高净值人群年均复合增长率达到20%，年均增长近17万人。高净值人群数量不断高速增长，为私人银行提供了极具潜力的市场。

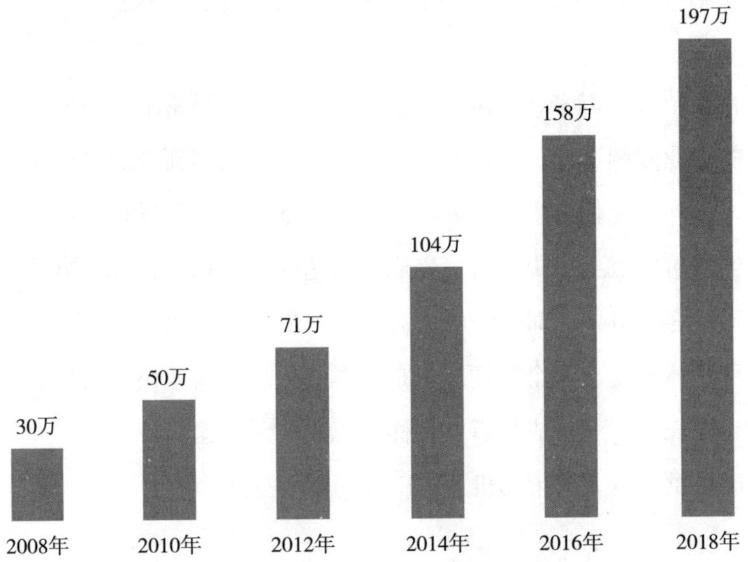

图1-1　2008—2018年中国高净值人群数量统计

资料来源：招商银行与贝恩公司《2019中国私人财富报告》。

2. 高净值人群财富规模庞大、增长快

招商银行与贝恩公司联合发布的《2019中国私人财富报告》数据显示，从财富规模来看，2018年中国可投资资产1 000万元以上的高净值人群共持有61万亿的可投资资产（见图1-2），年均复合增长率约为12%，显示出较高的增速。高净值人群财富的不断累积，显示出中国私人银行市场有着巨大的发展潜力，这为私人银行的发展壮大创造了重要的历史性机遇。

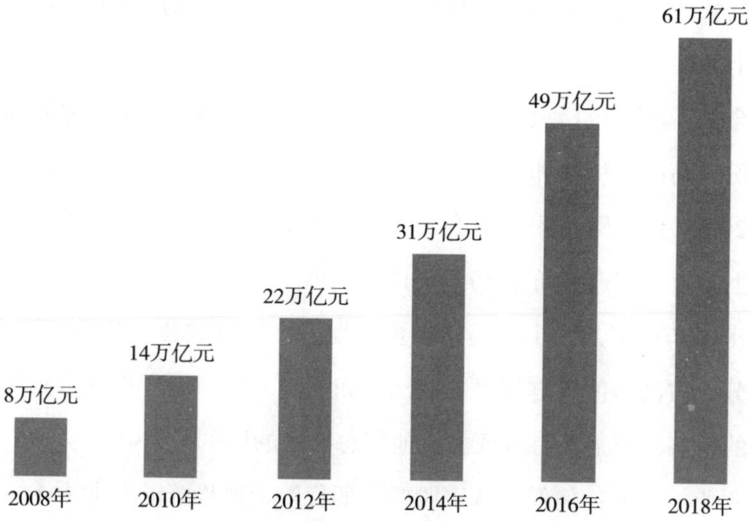

图1-2　2008—2018年中国高净值人群可投资资产规模统计

资料来源：招商银行与贝恩公司《2019中国私人财富报告》。

3. 高净值人群所在行业多样、职业多元

招商银行与贝恩公司联合发布的《2019中国私人财富报告》显示，在2018年中国的高净值人群中，创富一代企业家及企业中高层人群已经占全部高净值人群的70%。

2018年统计数据显示，六成上榜者来自制造业、房地产、金融投资和IT（信息技术）四个行业。在行业分布上，房地产行业上榜人数占比23%（排在首位），但其比例逐年下降。制造业上榜人数上升速度最快，正成为新的创富引擎。当前，制造业已成为上榜最多的行业，并逐步向先进制造、智能制造迈进。金融投资和IT行业占比上升，成为创富、增富新动能。

在职业分布上，企业的所有者占高净值人群规模的65%，比上年增加了5个百分点。企业资产占其所有资产的66%，他们拥有140万元的

可投资资产（现金及部分有价证券）、20万元以上的汽车和价值180万元以上的住房。

金领：主要包括大型企业集团、跨国公司的高层人士，他们拥有公司股份、高昂的年薪和分红等稳定的高收入。这部分人占高净值人群规模的20%，他们财富中的现金及有价证券部分占20%，他们拥有500万元以上的自住房产和价值50万元以上的汽车。

房地产投资人：主要是指投资房地产、拥有数套房产的财富人群。这部分人占高净值人群规模的10%，和上年一样。房产投资占到他们总财富的84%，现金及有价证券占他们总财富的比例为2%。

职业投资人：他们是从事股票、期货等金融投资的专业人士。这部分人占高净值人群规模的5%，现金及股票占其总财富的29%。职业投资人平均拥有430万元以上自住房产、170万元以上投资性房产和价值100万元以上的汽车。

多元化的人员构成催生多样化的业务诉求，为私人银行业务的多元化发展、服务的更新换代提供了有利的外部环境。

4. “新老交替”的格局正在形成

国内高净值人群的整体平均年龄正在持续增长。中信银行与胡润百富共同发布的白皮书系列相关调查显示，2018年高净值客户以创富的一代为主要组成部分。创富的一代企业家是改革开放时期的拓荒者，其主要年龄段在50～59岁。一代企业家在改革开放的大潮中迅速扩张并建立起自己的商业帝国，他们在企业发展中主要经历了三个阶段。第一阶段：20世纪90年代初期，市场进入快速发展阶段，机遇和挑战并存，企业家开始尝试从中国走向世界。第二阶段：1998—2008年，中国经济发展最快的黄金10年，这是企业家创富的关键时期，同时企业家面临互联网等新兴行业对传统行业冲击的挑战。第三阶段：2008 年至今，经济发展进入新常态，整体经济增速放缓。

二代企业家拥有良好的教育背景，九成二代企业家拥有大学本科及以上的学历，教育水平明显高于一代企业家。

时序更替，随着中国财富的增长，私人银行客户群特征也逐渐发生了变化。胡润百富调查显示，46位全球最成功的年轻创业者中，有16位来自中国，并且榜上每10张新面孔中就有6张中国面孔。“新生力”企业家以“80后”为主，包括新生代企业家、二代接班人、创二代企业家。“新生力”企业家普遍拥有良好的教育背景、前沿的国际视野及专业的投资理念，他们学识丰富、勇于创新、视野开阔，在新时代舞台上扮演的角色越发重要，已逐渐成为新时代引领潮流的积极践行者，是未来中国民营经济的中坚力量。

“新老交替”格局的演进为私人银行业务创新、服务升级提供了重要的市场机遇。

（二）私人银行业务具有高盈利、轻资本、抗周期特征

新常态下，商业银行资产端风险上升，规模驱动的重资本发展模式已现疲态，私人银行业务凭借其与生俱来的固有的高盈利、轻资本、抗周期特征，成为众多金融机构经营发展中的战略重心。私人银行优势主要体现在以下几个方面。

首先，私人银行的客户多为企业主、公司高管，这类客户往往有着较强的对公业务需求。通过对客户潜在需求的挖掘和相关资源的匹配，私人银行可以有效带动投行业务、对公业务的开展，催生新的利润贡献点。其次，私人银行作为零售皇冠上的明珠，品牌外溢作用凸显，对于

银行零售品牌、银行自身品牌影响力的提升有着较大的促进作用。

作为非息业务，其对私业务与生俱来的抗周期特征可有效减轻经济及利差下行对总体盈利的负面影响。较轻的资本占用确保了私人银行业务扩张的可持续性，这可以进一步缓解经济下行带来的经营压力。

根据海外经验，在经济增长过程中，持续的财富效应会扩大富裕阶层的财富规模，这为私人银行提供了拓展新业务以及提升头部客户价值贡献度的重要机遇。

私人银行连接了资产端和客户端，是私公联动中的关键性桥梁，是投行、资管、零售的交汇点，私人银行业务有望成为商业银行业务转型中的重要利润增长点。

（三）私人银行顺应经济全球化和资本国际化的发展趋势

伴随着我国改革开放的持续深化、经济全球化和资本国际化，新兴工业化经济体在金融国际化中的作用日趋增强，信息革命为金融国际化提供了强大的技术支持，金融国际化的依存度显著提高。

近10年来，在国家政策的鼓励下，国内企业纷纷“出海”，使得我国成为海外投资的生力军，海外并购投资风起云涌，国内投资者具有强烈的全球资产配置意愿。随着“全球化”新浪潮和金融知识普及对高净值人群投资理念的影响，他们的投资更加多元化，他们需要寻找更多的渠道来消化这些快速累积的财富，进而使得他们的资产配置更加合理。在这样的大背景下，高净值人群对于跨境金融投资显得格外关注和重视。然而，当前许多海外资产仍交由外资银行或境外财富管理机构进行打理，国内私人银行正在加快建立“在岸+离岸”一体化财富管理网络，帮助客户实现全球资产一站式配置。

此外，国内经济的高速发展也为境外合格投资者投资国内股市、债市与货币市场创造了条件。“港股通”“债市通”和中资企业境外美元债券发行规模的扩大，为银行财富管理业务国际化提供了重要的发展机遇和广阔的发展空间。

国内私人银行正在不断适应经济全球化和资本国际化的发展趋势，主动加强与国外资管机构合作，立足国际国内两个市场，实现客户、产品、信息、资本与管理共享，广泛开展跨境经营、跨界合作，有效提高业务转型发展中的国际化水平。

（四）私人银行业务客户需求多元、综合贡献度高

私人银行客户人员构成多样，有创业企业家、家族企业二代继承人、职业金领、职业投资人等，需求多元化特征明显。财富的保值增值仍是客户财富管理的首要需求，除此之外，客户对财富传承、子女教育、跨境投资、医疗健康等的关注和需求也在不断上升。

年岁较长的高净值人群在事业上取得成就以后，往往开始关注财富传承、子女教育、养老医疗等，显示出了非常丰富的非金融需求。胡润百富调查显示，企业家们面临的家族传承的困扰主要集中在“培养成功的接班人”这一问题上。优越生活条件下成长的二代企业家们，在社会中所能驾驭的智力或获取的信息已无法支撑他们在激烈竞争的环境里经营或持续发展一个企业，因此企业家们普遍担心“子女无法胜任，培养的经验不足”。这就需要私人银行为他们提供包括子女教育、财富传承、企业传承咨询等组合服务，为他们提供帮助。

数据显示，随着中国国际化进程的加快，高净值人群对于跨境最大的五个需求依次为出境旅游、跨境金融投资、子女境外留学、境外置业

和移民。未来，他们的跨境需求将更加丰富和多元。另外，随着高净值人群越来越关注“大健康”，加之互联网信息透明化以及国际化视野的不断拓展，越来越多的人群表示对跨境医疗有需求，他们对于跨境医疗的主要需求体现在出境旅游医疗、体检、重症治疗、医疗美容等方面。

私人银行客户价值贡献度高，他们是零售客户中的顶部群体，有着巨大的需求潜力和业务价值，其中占比最多的企业主客户群更是私人银行业务的潜在客户。私人银行可通过资源整合、一系列高附加值的定制化服务，实现客户潜在需求和价值的挖掘，所以私人银行业务往往有着较高的综合价值贡献度。

（五）私人银行业务是金融机构的利润增长点，竞争日趋激烈

新常态下，商业银行经营压力上升，规模驱动的重资本发展模式已现颓势，私人银行凭借轻资本、抗周期的业务特点，其战略价值得以凸显。高净值人群数量的不断增加、资产规模的不断上升以及需求的不断增长为私人银行业务的发展创造了有利条件，使得私人银行成为金融机构重要的利润增长点。

私人银行业务的渗透率低、市场空间大、利润贡献高，这吸引了包括券商、信托公司、基金公司、第三方财富管理公司甚至互联网金融公司在内的各类机构争相进军私人银行市场，它们都希望在这一领域分得一杯羹。海外老牌私人银行金融机构也毫不示弱，充分利用自身境外渠道优势、海外资源优势以及自身丰富的全球财富管理经验，为客户提供差异化私人银行的高端服务。各路机构的大举介入使得这一市场的竞争日趋激烈。

私人银行产品和服务同质化严重，倒逼各家机构通过提供差异化管理和服务来锁住客户，通过充分发挥自身的禀赋优势，实现差异化竞争。银行系的私人银行机构充分发挥其长期积累的零售端业务资源、渠道优势、品牌认可度和稳健的经营特点，占据了绝大多数市场份额。公募和私募基金通过明星产品的打造、投资策略及理念的展示，最大程度地发挥了自身的专业优势。信托公司通过发挥信托架构在财富传承、资产隔离方面的功能优势，积极拓展特殊目标客户群。

国内经济步入新常态，高收益优质资产稀缺的情况难以逆转，这使得众多私人银行经营机构除了在下游客户端发力外，也开始向上游资产端寻找突破点。有条件的机构开始通过打造、提升自身的资产获取和管理能力，通过掌控稀缺资源，提升自身在同业竞争中的主动权。

二、私人银行的五项核心服务

（一）金融产品提供

除了为高净值人群提供传统产品之外，私人银行还根据客户本人或其家庭的投资需求，提供专属产品定制服务，在投资标的、投资期限、认购渠道、购买日期等方面更为灵活多样，但对客户的准入资质要求则较高。

- 现金类产品：短期存款及主要投资方向为低风险、高流动性的债务契约，包括同业存款、同业拆借、回购协议、商业票据、央行票据等作为货币市场交易工具的产品。此类产品具有期限短、流动性高、变现能力强、风险小的特点，适合有短期流动性需求的客户。

- 固定收益类产品：投向为未来还本付息的债务工具及其相关金融衍生品的产品。这类产品所投资产往往在产品条款中约定了未来还本付息的确定时间和额度。这类产品在未来有着较为固定的现金流，包括债券、资产支持证券、非公开定向债务融资工具、债券基金、可交换债、可转债和其他固定收益类资产、信托计划、委托债权投资等非标准化债权资产。固定收益类资产的期限、收益、风险高于现金类资产，其主要产品类型包括银行理财、固定收益类基金及资管计划、融资类信托等。
- 权益类产品：投向包括但不限于股票、结构化证券投资信托、新股申购、定向增发、股票型证券投资基金、股票型证券投资信托计划、法律法规允许或监管部门批准的其他具备权益特征的资产和资产组合，商品、外汇、远期、掉期、期货、期权、信用风险缓释工具等衍生工具，以及其他资产或者资产组合的产品。
- 另类投资类产品：包括但不限于投向为房地产、实物行权类资产、艺术品基金、量化对冲策略产品等产品投向无法归属为现金类、固定收益类、权益类资产的产品。

（二）资产配置服务

基于客户风险偏好、收益目标及其他流动性等方面的需要，私人银行结合宏观经济形势、金融市场变化、监管政策的分析研判，基于大类资产轮动特性、各类资产风险收益属性、产品的形态及风格特征，将投资资金在不同大类资产之间进行分配，通过组合投资的方式降低投资风险，提高资产长期收益的稳定性。

从时间维度上划分，资产配置可分为战略性资产配置、战术性资产配置；从投资策略上划分，资产配置可分为买入并持有策略资产配置、恒比混合策略资产配置、投资组合保险策略资产配置、风险平价策略资产配置、事件驱动策略资产配置等。

资产配置依据的是马科维茨资产组合理论，将资金分散投资于不同资产类型，通过利用资产之间的弱相关性分散非系统性风险，确保资产长期稳健增值。

在这一过程中，总行私人银行部专家团队为分支机构提供宏观经济分析及资产配置建议；客户经理根据总行建议，基于客户个性化需求，结合产品特征，通过组合投资销售实现资产配置方案落地，持续跟踪并进行动态调整；客户是资产配置方案的执行人，可以基于自身投资目标开展自主性及灵活性较高的产品选择及资产配置。

资产配置模式的优势为：灵活性好、透明度高、资产多元化、门槛低。其投资表现受到客户投资偏好、客户经理投资建议、各资产表现、产品供应及运作等多因素影响，并对客户经理的专业性有着较高要求。

（三）全权委托服务

全权委托资产管理模式起源于欧洲，是将资产配置、法税传承等服务融为一体，为超高净值人群量身定制的综合化财富管理服务。

全权委托资产管理可以为客户提供定制化安排，投资管理人接受客户委托，按照事先约定好的投资方案进行直接的投资管理，为客户实施资产配置。委托人及投资管理人均可以根据协议约定发起投资交互，投资管理人基于市场变化及客户需求可及时进行投资策略、投资标的的调整。

在全权委托业务模式下，投资管理人既可以直接投资于各大类资产，也可投资于第三方机构并将其作为管理人的金融产品。全权委托业务产品独立建账、独立核算，与其他理财产品的资金管理相对独立。全权委托产品收益表现依赖于金融机构资产储备、投资管理部门的资产配置能力，目前国内主要的商业银行私人银行部均已开展全权委托业务。

全权委托业务模式的优势包括：定制化安排，一站式、专业化投资管理，有助于充分发挥机构资产储备优势与专业投资优势。

全权委托业务模式的缺点包括：服务门槛较高，受投资管理机构投资风格、资产储备、投资范围、投研能力的限制，国内商业银行难以提供真正意义上多资产、多策略的立体式资产配置服务。

（四）财富保障传承服务

随着个人财富增加，客户在财富保障传承、代际规划、税务筹划等方面也衍生出了许多新的诉求。如何确保自己家族的财富可以永续传承，摆脱“富不过三代”的魔咒，成为高净值人群最为关心的话题。私人银行以境内私人银行客户及其家族作为服务对象，通过内外金融机构与相关法律税务资源的整合，为客户提供财富传承的解决方案，满足客户对财产的保值增值及代际规划需求。目前，在财富保障传承服务方面，国内私人银行以家族信托和高端保险为主流业务模式。

1. 家族信托服务

家族信托是一种私人安排，即私人银行整合相关金融及非金融资源，与客户及信托公司签署家族信托合同，委托人基于对受托人的信任，将其财产权委托给受托人，由受托人按委托人的意愿、以自己的名义，为受益人的利益或者特定目的对信托财产进行管理、运用与处分。

家族信托服务具有专业管理、税收筹划、资产保值增值、风险隔离、隐私保障、代际传承等多重功能，可以根据客户的需求量身定制，可以有效满足客户需求，是当下财富传承中常用的金融工具。

2. 高端保险服务

当下，随着公众保险意识的与日俱增，私人银行通过高端保险业务，为客户提供包括年金险、两全险（储蓄险）、医疗险、寿险、意外险、疾病险、财产险、责任险等多险种保障组合选择，满足客户及其家庭成员意外健康保障、养老保障、财产保障、资产传承等方面的诉求。

高端保险的优势在于：（1）人寿保单不纳入破产债权，具有债务隔离的功效；（2）保单是不会被查封罚没的财产；（3）税务减免，即税法对保险支付的款项给予优惠；（4）隐私保密，即客户资产可以归入保险公司名下，而非客户名下。所以，高端保险除了传统意义上的风险保障功能外，兼具债务隔离、财富传承、税务减免等功效。

（五）非金融服务

非金融服务指的是，私人银行为客户提供除传统金融服务以外的增值服务，以满足客户个性化非金融需求。

- 艺术品鉴赏：在经历了原始财富的快速积累以后，客户对艺术、收藏的关注度开始提升，高端私人银行会为客户提供相关主题的咨询服务、沙龙活动以及参观旅游、参与拍卖会的机会。
- 医疗健康：越来越多的高端人群意识到了健康的重要性，许多私人银行通过提供健康咨询、养生讲座、名医就诊等方面的服务，为高净值人群提供高品质的医疗健康服务。

- 子女教育：国内企业家多发家于20世纪80年代，随着年龄的渐长，面临着企业交接的问题，而优质的教育是其子女成为“未来领袖”的重要保障。国内私人银行通过开展亲子互动、主题夏令营、海外教育咨询等活动，为高净值人群提供多维度的受教育机会。
- 企业家俱乐部：对于企业家而言，社交的重要性不言而喻，私人银行可以充分利用其平台价值，为客户打造沟通交流的平台。通过开展投融资推介、行业论坛、主题报告会等方式，私人银行成为企业家沟通交流的桥梁。
- 跨境服务：随着高净值人群财富规模的增加，其对财富多元化配置的诉求与日俱增。私人银行通过为高净值客户提供移民咨询、跨境旅游、海外教育等方面的咨询服务及业务通道以满足客户诉求。
- 财务咨询服务：私人银行整合内外部资源，为客户提供综合性的管理咨询服务，包括但不限于宏观经济形势分析、企业财务诊断及财务管理、投融资筹划、法律税务、公司理财等方面的研究支持及咨询服务。

三、实践中的业务体系及架构

“期权之父”罗伯特·莫顿认为：金融体系的核心功能是资源配置，其中清算和支付功能、提供融资机制、跨时间和地域的经济资源转移、管理不确定性和风险、协调不同领域分散决策的价格信息、处理不对称信息是金融体系的基本属性。

银行财富管理业务的本质在于“受人之托，代人理财”。负债端资金来源于个人客户和机构客户的理财需求资金，资产端对接的是拥有动产、不动产、股权、债权和其他财产收益权的融资人需求。银行财富管理利用其人才、专业、信息等优势，发挥着其在资金需求端和供给端之间不可替代的桥梁与纽带作用。私人银行业务凭借“两头在外”、风险由客户自担、不占用银行资本且收益水平高的特点，已经成为银行未来发展的战略性业务。

（一）私人银行服务体系及组织架构

国内国有商业银行及股份制银行均已开展私人银行业务，在客户服务团队架构的选择上，多采用“客户经理+财富顾问+专家团队”模式，即以“1+1+N”模式为主流模式。在这种架构下，客户经理面向客户开展日常经营维护工作，财富顾问作为桥梁及时向总行传递客户诉求，总行专家团队由证券、基金、保险、外汇、信托、法律乃至收藏、教育等多个领域的专家组成。这种逐级联动可以有效实现客户诉求的及时传递及总行专业资源的高度共享，实现私人银行客户的精准化经营。当下，国内招商银行、中信银行等都采用了“1+1+N”的模式。

国内私人银行的组织管理架构模式主要有两种：一种是大零售模式，一种是事业部模式。在大零售模式下，私人银行归属于零售部门统一管理，零售部门有权限对私人银行开展经营、管理、考核，总行私人银行部门负责为分行提供战略指导和业务支持。这样的组织架构有助于零售板块、资源共享及对私客户服务的统一化、标准化管理，但是不利于私人银行管理、品牌、服务体系的构建及客户的精细化管理。

在事业部模式下，总行私人银行部下设投资研究条线、产品条线、市场营销条线、运营管理条线等，并通过对下设分行私人银行中心来开展垂直管理工作。在这一模式中，私人银行有着独立的人、财、物的管理权限，并作为利润中心进行单独核算。这种模式有助于私人银行更有针对性地开展经营管理工作，有助于将私人银行品牌异化于一般零售，但是事业部模式与传统商业银行总分式管理架构存在冲突，分行的事业部单元面临多头管理的问题，也难以解决私人银行部和零售银行部在分行内部资源分配的矛盾，导致零售板块资源共享程度下降。

当下，大零售模式是国内私人银行中主流的组织模式。在私人银行业务发展的初期，大零售模式有助于私人银行快速获取客户和增加资产规模。随着规模扩大，事业部模式有助于私人银行形成相对独立的专业品牌，并将通过针对性更强的精细化管理，集中力量开展客户经营维护工作。海外成熟私人银行以事业部模式为主，而该模式在国内仍处于探索阶段。

（二）海外私人银行业务体系概览

全球私人银行机构的组织形式多种多样，其原因在于：美国及欧洲、亚洲各国的文化环境、地域特点、市场环境都有不同特点，不同国家和地区的富裕人群的投资偏好以及对私人银行的产品和服务的需求也存在较大差异。总的来说，欧美银行的财富管理机构能更好地做到“以客户为中心”，其财富管理理念也更为成熟。

表1-1分析比较了美国及欧洲、亚洲私人银行业务的特点，涉及各地的私人银行业务特征、服务模式、赢利模式及客户选择私人银行的原因等，一目了然地比较了其优劣势以及区域性的鲜明特点。

表1-1 美国及欧洲、亚洲私人银行业务特点比较[①]

比较项目	美国	欧洲	亚洲
文化环境	具有十分鲜明的牛仔文化、淘金文化、创业文化，并经受全球化的文化冲击	具有非常浓厚的贵族文化传统，与皇室文化、家族文化紧密相关	深受儒家及佛教文化影响，强调私密和安全，把财产的安全保护放在首位
客户情况	对金融市场比较了解，也热衷于高风险高收益的金融活动。客户的平均年龄为51～58岁。以自己创富为荣，喜欢从事慈善事业，回报社会	欧洲的富裕阶层多来自世袭的贵族或早期的企业所有人及其后代；客户的平均年龄为60～65岁	客户以大中华区的华人富豪以及日本富豪、印度富豪为主；强调财产安全和私密性；强调基于传统人际关系的信任，更重视服务的过程与感受
投资及产品偏好	非常强调创新、创富、创造，在全球范围内追求高风险、高收益的投资，偏爱对冲基金、次级债、风险投资等高风险高收益的投资工具，依赖在岸投资。资产组合包括更多的股权投资	重视财富的保值和传承，投资策略倾向保守，注重资本保护，偏爱信托、保险等资产传承型工具、产品、服务和避税方案，依赖离岸投资。资产组合更集中于固定收益类产品和存款类产品	对于金融市场和各种金融工具并不熟悉，普遍有着极为强烈的再投资、继续创富欲望；为规避风险和参与全球各个市场的投资，普遍存在强烈的离岸资产管理、海外投资及全方位风险管理需求
金融体制	混业经营	混业经营	日本、中国的一些亚洲国家仍然实行的是分业经营模式。私人银行在为客户提供理财建议和财产规划时，因常涉及超出自己经营范围的领域及内容，在一定程度上阻碍了私人银行业务的发展

① 中信银行私人银行、中央财经大学联合课题组《中国私人银行发展报告》，2012年。

（续表）

比较项目	美国	欧洲	亚洲
业务特征	以引导客户做投资为主，刺激客户进行交易。银行一般不直接向客户收取手续费，而是主要靠从客户的交易中赚取佣金，利润率很高。大多依托于原有的综合性大银行，业务范围更全面，领域更广，注重全球化的业务拓展	具有多年的经营管理经验和雄厚的实力，侧重于家族财产和私人生活管理，主要涉及税收安排、遗产继承、风险管理和投资咨询；采用收取手续费的运作方法	处于起步阶段，在有些银行只是作为零售业务的一部分，不够专业，特点不突出。一些银行除了提供简单的零售业务组合外，无法提供更高端的私人银行业务，经验及创新方面都有待提高
服务模式	采取专业化的服务模式，强调在投资银行等领域的专业化服务安排，属于投资驱动型	全能金融集团提供私人银行服务的模式，力求为高端客户提供全方位的解决方案，属于咨询驱动型	—
赢利模式	投资管理	信托管理	派生金融业务所带来的综合利润
客户选择原因	更依赖专业评估机构对银行能力的客观评估，更重视银行的专业能力与绩效	注重声誉、品牌、形象，甚至几代人选择同一家私人银行为其提供终生服务	重视情感的纽带。华人在创富过程中往往对政治风险有极大的担忧，在选择私人银行管理财富时，往往倾向于全球分散化投资

小案例

美国先锋集团（Vanguard Group）是当前世界上较为知名的财富管理机构，于1974年由约翰·鲍格尔（John Bogle）创立，其前身威灵顿基金则早在1929年就诞生了。在几十年的时间里，先锋集团已经在财富管理行业占有突出的地位。

先锋集团是世界上最大的不收费基金家族，目前在全世界管理着3 700多亿美元的资产，为1 000多万投资者提供服务。现在，集团为日益庞大的客户群体提供极具竞争力的投资管理、多样的基金产品等。

先锋基金的成功之道，除了质优价廉的服务，最重要的是它在熊市中扮演的英雄角色——牛市时先锋基金并不热门，熊市才显出抗风险能力。先锋集团在热门基金流行时，反而将之关闭，不让新投资者进入，以避免追涨杀跌，而在熊市时开发新客户。这就是其安全、平稳的风格。

第三节　私人银行客户需求的转变

一、由服务个人向服务个人、家庭、企业三位一体转变

《2018胡润财富报告》显示，截止到2018年1月1日，在大中华区的千万资产高净值家庭中，企业家的比例占到60%；在大中华区的亿万资产超高净值家庭中，企业家的比例占到80%。由此可见，企业家目前仍然是国内超高净值人群的最主要构成，其中绝大多数是民营企业家，而家族型企业在民营企业中的占比又超过80%。对于大多数高净值客户而言，企业、家庭与个人三者密不可分。

高净值客户群在财富打理过程中，除了有实现个人财富保值增值的

基本诉求外，其需求开始向家庭、企业延伸。

在全球范围内，家族企业的平均寿命往往不到25年，家族企业中只有1/3能够传承到第二代，仅有不到10%能够传承到第三代，淘汰率高达90%。我国家族企业的第一代创业者大多已经五六十岁了，对家族传承、企业接班的需求日益迫切，如何顺利地完成企业和家族传承已成为社会和业界关注的课题。高净值客户在守富、传富，保障子女的生活、教育水平、维护家族企业的持续经营方面的需求与日俱增。

调查数据显示，当前超过八成的高净值客户已经拥有家室且育有子女，超过两成的客户已经在安排财产继承事宜，近四成的客户尚未开始但会在近期考虑安排财产继承事宜，投资需求由个体服务需求向家庭综合服务需求转变的趋势明显。

以企业主为主的高净值客户除了接受银行服务获得传统的理财收益以外，也很需要私人银行为其提供其他有助于自身事业的金融服务。

许多企业主希望私人银行能够提供关于企业发展的建议。比如，有的客户有着对公业务需求，希望运作企业上市，或是实现企业并购重组，这需要私人银行能够为客户整合证券公司、律师事务所等多方机构和专业资源，满足客户在企业管理方面的需要。

可以看出，私人银行为高净值客户提供的服务由服务个人向服务“个人+家庭+企业”转型的趋势明显。

二、由追求财富增值向追求资产安全、服务体验转变

早期的高速经济增长铸就了个人财富的高速扩张，追求个人财富规模的快速上涨成为早期投资者的主要诉求。对众多年纪较长的高净值客户来说，他们在经历了前期财富的高速积累阶段后，财富进一步扩张的

边际效应开始下降。

随着国内经济增长动能的减弱，企业信用违约、P2P爆雷等风险事件持续出现，叠加外部错综复杂的政治环境和贸易环境，获取高额收益的风险补偿持续上升。

在这样的环境下，高净值人群对于风险和收益之间辩证关系的理解更加透彻，他们在选择投资产品时更加考量风险因素的权重，对资产安全的诉求与日俱增，在进行金融投资时越发趋于理性、稳健，选择金融机构时越来越多地看重财富管理机构的行业地位、品牌专业度及投资管理能力、综合风险控制能力。

除了资产安全之外，高净值人群在接受服务时，越发地看重个人的服务体验。客户希望得到更多的尊重、更多的安全感、更多的私密性。互联网的普及使得服务过程更为透明、服务体验更加量化。如今，客户有更多的产品可以选择，有更多的服务可以对比，有更多的评论可以参考。是否能够为客户提供“有担当、有温度、有特色、有尊严”的服务，是衡量财富管理机构能否提供良好客户体验的关键。

三、由感性向理性转变

早期的私人银行客户注重对财富管理机构服务的主观感受，客户经理服务细致到位、态度友好、善于沟通便可以在很大程度上获得客户的认同，客户对服务的评价维度相对感性、单一。随着金融市场的发展和人们投资理财观念的进步，高净值客户对金融产品和金融服务的认知更为透彻、理性、具体和深入。波士顿咨询公司（BCG）调查数据显示，2012—2018年，要求财富管理机构提供服务及建议“客观性”的客户数量翻了一番。

从最初关注产品本身到开始关注宏观经济形势、金融市场状况和政策导向，从关注产品的收益到开始关注产品风险控制管理能力、资产的信用状况，从关注产品管理人到开始关注产品背后的投资策略、产品具体投向，客户变得更加理性和“挑剔”。

此外，互联网的发展使得服务信息更易获取，客户可以更为客观理性地对同类服务或产品进行深度对比、分析和选择。客户变得更为成熟理性，开始更加清楚自己需要什么，更了解市场上有哪些选择，更加关注财富管理机构可以真正为自己提供什么。

在这样的环境下，是否可以为客户带来真正意义上的符合客户需要的专业金融服务变得越发重要。是否拥有一支专业化、职业化的产品准入研发团队、客户营销团队、投资服务团队、风险管控团队、市场研究团队，能否为客户提供真正意义上和客户需求相匹配的综合化财富管理服务，是财富管理机构成功与否的关键。这对国内财富管理机构的专业性提出了更大的挑战，对财富管理机构的“硬实力”提出了更高的要求。

四、由非银财富管理机构向传统商业银行转变

在当前市场环境下，财富管理机构开始向商业银行转变。相关研究数据显示，70% ~ 80%的客户选择商业银行作为其财富管理的主办行，并且集中度有进一步提升的趋势。商业银行私人银行是当前市场上最为核心的财富管理机构，主要原因有以下几点：

首先，近期市场“爆雷”“跑路”事件频发，金融市场动荡加剧，许多投资者因此遭受了较大的投资损失，再投资时变得更为理性。人们开始更多地关注财富管理机构的风险控制能力、管理的规范性。商业银

行作为信用经营和管理机构，经营稳健、体系健全、风险控制严格、管理规范，符合高净值投资者对财富管理机构的要求，获得了更多投资者的青睐。

其次，商业银行资产获取能力强、资产储备充足、风险定价能力出众、资产处置经验丰富，可以为客户提供更为优质可靠的资产管理服务。作为长期信用经营和管理机构，在货币类资产和债券类资产投资管理方面，商业银行较其他投资管理机构有着与生俱来的专业优势，而这些资产在高净值人群的资产配置中占比较高。

再次，商业银行业务多元、全球化布局，有着更为广阔的投资视野，拥有集团层面的综合业务资源，具有资源协同优势，可以为客户提供境内外综合化金融服务，从而为客户提供更多的业务选择。

最后，商业银行有着完善、规范的服务体系，服务标准化程度高、透明度高，有助于提高客户信任感和客户体验。商业银行凭借其扎实的零售客户基础、可靠的品牌形象、广泛的网点渠道布局，可以为客户提供更为可靠的服务。

第二章

换位思考：树立业务经营核心理念

第一节　主动出击：综合情感投入与技巧运用的服务艺术

艺术就是人们用特意的能动方式进行美的表现和创造，引发美的意境和情感，是形象把握与理性把握的统一。所谓能动方式，就是掌握主动权，主动作为，而“美”也不仅仅是眼睛看到的美，耳朵听到的、语言表达的都可以是一种美。私人银行服务的一个重要特征就是，通过情感的投入以取得客户信任。情感的投入让私人银行服务不单是一种能力，更是一门艺术。

一、倾听：让客户真实、充分地表达思想

私人银行服务的本质是建立与客户之间的信任，做到这一点的第一步是了解客户。倾听可以帮助私人银行财富顾问或者客户经理与客户建立基本关系，触达客户表达的真实意思，了解客户真实的情况与需求。学会倾听，让客户真实、充分地表达自己的诉求，是私人银行服务的

基础。

多数私人银行客户，尤其是民营企业家，非常重视自身社会地位的提升与尊贵的体验感受，体现在最基本的层面就是，客户需要感受自己对话语权的充分掌握。因此，私人银行服务人员首先要学会的就是倾听。不轻易打断客户，不一味强调自我意思的表达，而是给予客户充分表达的空间与时间，让客户感觉自身掌握谈话的主动权与节奏，有利于提升客户服务体验。

传播学中曾经做过的一个统计显示，我们每天花在沟通上的时间分配情况是：46%为倾听，26%为说话，15%为阅读，13%为书写。[①]充分利用倾听的时间，做到有诚意、有耐心、有思考地倾听客户的表达，领会思想、提炼特点、总结需求，是私人银行服务的起点。

二、语言：寻找沟通交流的切入点

语言是沟通中强有力的工具，通过语言进行沟通是私人银行服务中重要的一项能力与艺术性的体现，优雅而得体的谈吐将大大降低沟通与营销的难度。当客户工作繁忙仅给你短短的五分钟时，你要充分利用这段时间组织语言，将最需要传达、最重要的意思传达到位；当客户特地抽出一定的时间与你进行交流时，你要合理安排时间，既能与客户闲聊，交谈工作之余的兴趣爱好，又能有侧重地将价值理念宣导到位，将产品和服务介绍清晰，区分出重要且复杂的内容并条分缕析地讲解，突出亮点与特色，既能将意思表达清楚又足够打动人心。这些都是私人银

---

① 杰克·特劳特，史蒂夫·瑞维金. 新定位[M]. 李正栓，贾纪芳，译. 北京：中国财政经济出版社，2002.

行服务与客户经营中的重要内容。根据客户意愿，选择恰当时机，组织准确、生动的语言，是沟通的难点，也是语言魅力之所在。

具体来说，语言的艺术体现在多个方面：一是与客户建立联系，可以以客户的兴趣爱好作为开端，也可以客户关注的时事重点为切入点，不一而足，总之应以客户需求为出发点，以引起兴趣为重点；二是引导表达，构建良好的沟通环境，在沟通中运用肯定或疑问的语句引起客户进一步表达的意愿，同时要学会赞美，让客户获得良好的沟通体验，以进一步挖掘客户的真实需求；三是在运用简洁、明确的语言进行清楚的意思表达时，使信息有效传递，消除误解；四是掌握说话的技巧，避免一味地营销产品，引起客户反感，同时能够分析客户需求，替客户解决问题，并进一步引领客户需求。

三、形象：提升自我形象与品牌影响力

私人银行服务人员的自我形象是私人银行服务的一部分，服务人员以得体的穿着、真诚的态度、自信的谈吐，打造职业化又具备亲和力的形象，有利于与客户沟通的开展。此外，个体的形象还包括物品形象。每逢佳节或者客户生日等具有纪念意义的日子，礼物的选择既体现个人品位又展示了对客户的了解程度。在与客户接触时，私人银行服务人员要学会观察，用眼睛寻找客户爱好。客户办公室悬挂的字画、齐备大气的茶具、与家人的温馨合照，每一个物品的背后可能都蕴含了无数的故事，这些都是私人银行服务人员与客户建立联系的桥梁。

私人银行服务的形象不仅仅是一线工作人员的个体形象，更是私人银行品牌的形象。私人银行服务对象是所谓顶层客户群的高净值财富客户，私人银行品牌作为高端品牌，具有较强的识别度与客户黏性。2019

年，财富管理研究机构Scorpio Partnership发布的全球私人银行报告显示，全球排名前10位的私人银行在过去三年中未发生变化（内部排名有个别调整）。为建立私人银行品牌，私人银行应让客户体验有品位、高品质、有特色、有温度的服务，让其享受个性化、专业化的财富管理服务，以卓越的服务打造强有力的品牌，实现私人银行品牌的强溢出效应。

四、理性：获取客户信任

私人银行业务是财富管理业务的传承与升华。所谓财富管理，是运用金融和非金融工具，为客户财富规划、增长、分配、配置、运用和传承提供管理服务，以期实现财富效用最大化的过程。私人银行业务在财富管理的基础上有更多的扩展：根据不同客户的特性，选择不同的产品，运用理财、基金、保险、信托等金融工具为客户提供财富管理和传承服务；为客户提供子女教育规划、慈善、健康、商旅等非金融服务，甚至为客户提供税务筹划、法律咨询等专业咨询服务；当客户没有信心的时候，以专业重塑客户信心，当客户缺乏理性的时候，以专业让客户回归理性。这些都是私人银行服务专业性的体现，也是理性思考、分析与决策的体现。

民营企业家是国内私人银行客户的中坚力量，中信银行与胡润百富共同发布的《2018中国企业家家族传承白皮书》表明：在国内亿万资产超高净值人群中，企业家的比例为80%。民营企业家作为成功的创业者，在社会经济生活中占有一席之地，往往偏好通过主动追求经济利益获得财富来实现自我奖励，并希望持续不断地扩大投资以实现财富的快速增值。民营企业家一般拥有以下基本特点：其潜在价值大，金融风险承受能力相对较强，金融服务需求多元，对投资团队的专业性和资产跨境综合配置要求高，金融消费行为理性。在分析、总结客户特征的基础上，私人银行服务需要进一步契合客户需求，以国际化、差异化、专业化、品牌化为发展方向，实现高质量、可持续的健康发展。因此，私人银行服务必然要体现理性的价值，其服务人员不仅要掌握金融知识，还应加强对心理学、金融行为学等非金融知识的理解，以专业获得客户的认可，与客户之间建立信任，培养客户忠诚度。

五、行为：提升洞察力与营销技巧

洞察力是一种行为的艺术，这是私人银行服务人员成为私人银行家的必备潜质。私人银行客户的经营是一个长期过程。在与客户沟通、交往的过程中，私人银行服务人员应具备敏锐的洞察力，迅速抓住关键点，形成需求分析与服务方案，感知问题症结之所在，快速解决问题。此外，在长期的经营过程中，私人银行服务人员应学会如何适时地与客户沟通，向客户表达关爱，建立联系契机。在洞察客户心理与行为的基础上，私人银行服务人员要以诚恳的态度、真实的表达，激发客户信心，建立相互信任。

洞察力的获得不只是从书本中学来的，更多地需要经历、总结。通过与客户多次沟通、交流，总结每次成功的关键，分析每次失败的原因，知其然并知其所以然，形成自己与人交往、与客户沟通的法则与经验，从而帮助我们分析客户潜在需求，引领客户需求，这是我们寻找营销服务契机的关键，也是我们反思自身服务提升点的关键。洞察客户长期价值，以平常心来看待成功与失败，以一以贯之的服务质量，从一而终地为客户提供优质服务，这也是行为艺术的体现，是行为的美感。

最后，卓越的私人银行服务必然具备独特的服务文化。围绕“品位、品质、品牌”构建有效率、有竞争力的服务体系，是私人银行克敌制胜的法宝。为客户提供专业化、个性化、差异化的服务，让客户获得尊贵、专享的体验，是私人银行服务一直追求的目标。为实现此目标，私人银行服务必须建立在有效沟通、长期经营的基础上，这就需要服务人员充分运用倾听、语言、形象、理性、行为等各方面的技巧与艺术，这是私人银行服务文化建设的过程，也是私人银行服务文化引导行为、体现影响力的表现。

第二节 五大经营核心理念

私人银行的核心理念是私人银行在为客户提供产品和服务的过程中需要坚守的座右铭，是私人银行业务开展过程中的最高指导原则。良好的理念是私人银行服务质量的重要保障。在私人银行经营管理过程中，需要服务人员坚守的核心理念包括以下五项：以客户为中心、整合共享客户资源、培育客户忠诚度、持续提升卓越服务能力、始终与客户共同成长。

一、以客户为中心

私人银行业务服务的对象是可投资资产达到一定规模的顶端客户，以及这些客户背后的家庭、家族乃至其所拥有或控制的企业与其他组织机构。在这一层面，私人银行需要为这一有着多元化、个性化需求特征的主体提供全方位、针对性强的综合化金融与非金融服务。只有牢牢树立“以客户为中心”的经营理念，在提供产品与服务的过程中，始终以最大程度地满足客户需求、最大化客户利益、最大程度提升客户体验为最终目标，这样才可以最大程度地为客户创造价值。

真正践行这一理念，首先要全面了解客户。在了解客户的个人、家庭、生活、工作、理财目标的基础上，金融机构要对客户的投融资需求、法律税务需求、资产配置需求、财富传承需求、子女教育需求、健康管理需求进行深度挖掘，为客户提供最适合其特点、最能够为其创造价值的综合服务方案。其次，金融机构应当充分利用其在资金、资源、信息、人才等方面的优势，在深度挖掘客户需求的基础上，做到引领客户需求，创造客户需求，想客户之未想，急客户之未急，通过为客户提供前瞻性服务，让客户获得超预期的体验。“以客户为中心”是培养和提升客户对服务的满足感、认同感，提升客户体验、取得客户信任的基石。

小案例

1974年，由9只主动管理型基金起家，管理资产达5.6万亿美元的先锋集团堪称践行“以客户为中心”经营理念的典范。先锋集团不仅将集团的使命定义为“从投资者根本利益出发，公平对待所有投资者，并致力于为投资者提供实现投资成功的最佳机会”，而且树立“低成本投资”“长线思维”意识，将“服务于客户的激情”作为其服务的目标，力求通过“卓越的投资结果”、“世界级的用户体验”和“客户所有制”的客户至上的独特的服务理念，培养“忠实的客户”，构建“持久的关系”，从而产生了“领航效应”。

二、整合共享客户资源

合作与共赢是当今时代发展的主旋律，降低信息传递成本、提升金融资源的共享和使用效率是银行服务的重要内涵。私人银行在给客户提供服务的同时，需要在合作与共赢思想的指导下，发挥银行在渠道、专业、产品与信息等方面的优势，实现资源的高效整合、共享与利用。私人银行可以通过建立开放式的客户资源共享模式，与相关领域的专业人士共享客户资源，实现客户资源的整合与有效利用。同时，私人银行要为客户搭建共享交互平台，实现私人银行与客户“互利共赢、共同发展”。

私人银行在给客户提供服务的同时，需要注重挖掘客户背后的资源，借势客户资源，整合客户资源，并基于此进行客户服务的共享。对于喜欢收藏的私人银行客户，私人银行可以通过举办藏品鉴赏活动，邀请私人银行收藏领域专家对客户进行藏品鉴赏，为客户提供与业内专家沟通、交流的机会；对于上了年纪并关注健康的客户，私人银行可以举办主题沙龙，请相关领域的私人银行客户专家开展养生讲座；对于需要法税咨询的企业家客户，私人银行可以通过搭建企业家-法税律师沟通交流的平台，为双方沟通交流乃至业务合作创造契机。

私人银行应充分认识到其所拥有的客户资源优势，认识到每位高净值客户在资源共享机制中的特殊价值，进而在充分利用银行自身资源的基础上，通过为客户搭建价值与资源的交互、共享、共生、共赢平台，达成客户资源整合、客户资源共享，以最节约的成本实现资源的高效整合、共享与利用。

三、培育客户忠诚度

“不谋万世者，不足谋一时。”私人银行应当通过培育客户忠诚度，来提高客户黏性和对本机构的依存度。其原因有两个：一是，只有建立了客户忠诚度、提高客户黏性，客户与银行的关系才能长期稳定，私人银行品牌的价值才能得以体现；二是，与客户之间的长期业务关系是实现私人银行顶端业务的基础。家族信托、高端保险、大类资产配置等私人银行业务的开展，是以客户愿意建立长期稳定的业务关系为前提的，所以只有培育客户忠诚度，提高客户稳定性，才可以为客户提供有价值的服务。

如何建立忠诚度？首先，最重要的是为客户提供优质的长期服务。因此，长期经营、深度挖掘客户需求，做好客户教育、客户培养、客户营销及服务工作，是私人银行经营的重点。

经过市场的洗礼，当私人银行客户投资趋于谨慎和理性时，其关注的重点将聚焦于财富的安全、投资的可持续性。因此，在服务私人银行客户时，提升长期资产配置与风险控制能力，保证客户财富价值的长期稳健增长，将更有利于激发客户信心，赢得客户信任。

其次，对私人银行业务的开展不能急功近利，应通过KYC（客户信息收集）技巧的娴熟运用，结合客户家庭构成、所在行业、所处的人生阶段等关键信息，直击对客户而言长期存在但未得到解决的痛点，对客户的长期需求进行精准定位，着力提升服务的针对性和综合价值贡献，进而提升客户信任感，培育客户长期忠诚度。

最后，私人银行应正确处理好短期绩效与中长期发展的关系，引导员工关注私人银行客户的长期价值。同时，私人银行总部要构建科学的绩效考评体系，引导分行强化私人银行客户长期关系维护和管理能力，着力提升客户的长期综合价值贡献度，实现私人银行业务的高质量发展。

小案例

以投资管理为唯一业务、具有逾200年投资经验的施罗德集团，将“环境、社会及治理理念（ESG）作为其投资理念的基础”，将自身的目标与客户目标完全统一起来，致力于创造长期价值，以期满足客户未来财务需求；关注目标企业创造长期价值的潜力、赢利能力及偿债能力，构建专业的股票和信用分析师团队，多维度评估遴选拟投资目标企业，立足于现金流、资产负债表、股本回报率等比赢利动机更重要的因子，从独立的基本面研究中挖掘出具有竞争力的回报，提高其自身对长期投资的主动管理能力。

四、持续提升卓越服务能力

所谓卓越服务，即为客户提供有品位、高品质、有特色的私人银行服务，让品牌获得客户的高度认可。《2018中国企业家家族传承白皮书》的调查表明，超高净值客户在选择家族传承服务机构时，看重服务机构差异化专业服务能力的比例达到了65.5%。通过专业化、差异化的特色经营，为客户提供卓越服务，打造客户极致体验，这是私人银行在市场竞争中制胜的关键。

私人银行的服务对象是对服务的品位和品质有着很高要求的“金字

塔尖”客户，以及这些客户背后的家庭、家族乃至企业，这些客户金融服务和非金融服务需求的专业化、个性化特征明显。但是，当下私人银行产品和服务的同质化严重，这导致了客户服务的多元化需求难以得到高质量匹配，私人银行的品牌价值及品牌特色也难以得到有效体现。

践行专业化、个性化、差异化经营理念，是实现卓越服务、提升客户体验的重要环节。这就要求私人银行做到以下几点：一是运用互联网思维和技术，精准定位目标客户群，掌握客户个体特征与差异化需求；二是基于客户特点，以专业化、个性化、差异化的服务精耕细作，实现服务与客户点对点精准匹配；三是打造“职业化、专业化、知识化”的私人银行团队，通过专业化体制、机制的建设，全面提升专业运作与差异化服务能力，培养具有品牌特色的服务风格与价值主张。

五、始终与客户共同成长

私人银行与客户的受托人和委托人关系以高端服务为纽带长期相互依存。在持续交互的过程中，客户将实现财富的增长，私人银行将实现业务的迭代与服务质量的提升。树立“始终与客户共同成长”的理念，践行与客户利益共享、共同成长、共同发展的价值共生原则，对私人银行业务的长期发展有着重要的战略指导意义。

首先，对于商业银行自身来说，在不断满足客户需求、帮助客户解决问题的过程中，私人银行自身也在不断迭代和更新。在为不同风险的财富需求匹配不同产品和服务之时，私人银行会用到国内外多种直接、间接融资模式及融资工具，这有助于促进商业银行顺应利率市场化、投融资直接化、资本节约化、金融服务综合化的业务转型，对于私人银行业务国际化的推进同样意义重大。其次，私人银行是财富的供给方与需求方的重要桥梁，私人银行业务的开展同样有助于实现财富的供给方与需求方之间的互利共赢、相互促进。最后，私人银行品牌识别度高、客户黏性强，品牌外溢作用凸显，对于零售业务的拉动作用将非常明显。以企业主为重要组成部分的私人银行客户往往有着诸多对公业务需求，私人银行业务的发展对于对公业务也能够产生较强的联动作用，有利于实现跨条线资源的整合与价值共生。

私人银行业务发展要秉承“始终与客户共同成长”的理念，构建有利于提升私人银行品牌知名度、美誉度和客户忠诚度的新型银行与客户关系。

第三章

寻找并赢得客户

商业银行要想寻找并赢得高净值客户的青睐，在激烈的市场竞争中占有一席之地，就必须通过科学的客户分层、分群来实现资源的合理分配。客户分层不应该只依据客户的资产规模单一指标，而应该运用大数据从客户的人生阶段、经营周期、经营场景、资产规模四个方面勾勒出客户的立体画像，从而制定分群策略展开精准营销。

第一节　不同人生阶段需求的演变

处于不同人生阶段的客户的理财重心与方式有所差异，商业银行应参考客户所处的人生阶段，选择合适的理财方式与理财产品组合建议。笔者编写的关联分析法等工具有助于对不同人生阶段的客户的理财目标、理财特性以及理财产品组合进行关联分析，找出理财特性与理财产品组合的强关联模式。这些关联模式将助力商业银行落实服务的方式、营销的策略与投资的组合，据此拟定理财规划，从而真正满足客户的需求。

一、客户人生规划的分类

生命周期理论最早是由弗兰科·莫迪利安尼（1985 年诺贝尔经济学奖获得者）等人于1952年创建的。生命周期理论同许多优秀的宏观经济理论一样，都非常重视微观经济基础。生命周期理论从个人的生命周期消费计划出发，将人的生命周期分为三个独特阶段：人力资本积累阶段、人力资本向金融资本转化阶段及金融资本兑现阶段。

早期的生命周期理论围绕人生各个阶段的金融资产需求进行量化分析，从而得出人应当如何围绕资产进行消费和储蓄。但就我国当前的财富市场环境来看，早期的生命周期理论显然已不太适用：房地产资产在居民财富中的占比大幅提升，我国特有的高净值企业家客户群体的壮大以及非市场化的教育、医疗资源体系，导致客户人生各个阶段的需求更加复杂，仅针对资产总额的分配已远远不足以称为客户人生规划方案。

根据客户个人的人生阶段特征，我们可将客户分为婚前单身期、家庭形成期、家庭成长期、家庭成熟期、家庭衰老期五个人生阶段（见图3-1）。不同的人生阶段具有不同的财务收支水平和理财目标，因此为其提供的金融服务也应顺应其生命周期来规划。在银行提供金融产品与服务的过程中，尽管营销的着力点聚焦于客户个人，但由于家庭是社会赖以生存的细胞，客户个人是家庭赖以生存与发展的基本元素，许多金融产品与服务虽以客户个人购买方式出现，却是用于整个家庭消费的，况且客户个人的购买决定在很大程度上受其他家庭成员的影响，因此银行在营销金融产品与服务时，不可忽视家庭的作用及其重要性。如同客户个人存在着生命周期且在生命周期的不同阶段具有不同的金融产品与服务需求一样，家庭也存在着生命周期，且在其生命周期的不同阶段同样具有不同的金融产品与服务需求。

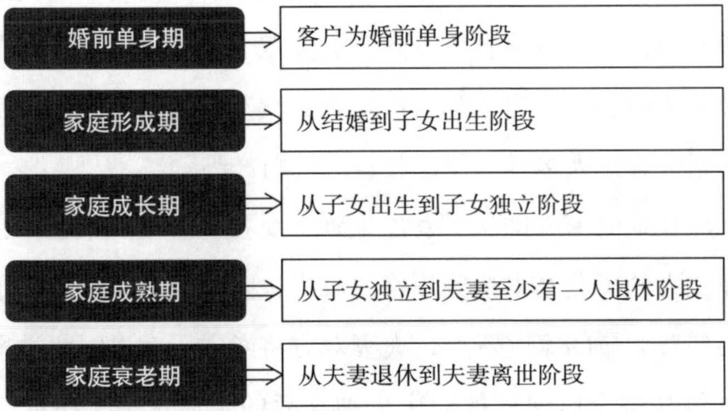

图3-1　客户所处的五个人生阶段

家庭生命周期，是指一个家庭所经历的一系列不同阶段，并且这些阶段在一定时间内改变了家庭本身，进而影响了家庭的收支状况、财富状况与生活水平。在人类社会现实发展过程中，个人生命周期是家庭生命周期赖以存在的基础，而家庭生命周期则是个人生命周期的归属，因此个人生命周期与家庭生命周期具有质和量的内在联系。家庭生命周期所反映的是客户个人成年后生活状况的变化，而处于财富依附阶段的受教育的子女们的生活状况则更大程度地取决于家庭的财富状况与财富水平。

按照生命周期的理论，家庭生命周期也分为婚前单身期、家庭形成期（筑巢期）、家庭成长期（满巢期）、家庭成熟期（离巢期）、家庭衰老期（空巢期）。

处在婚前单身期的高净值客户有稳定的高额收入，没有家庭的经济负担，可以将更多的资产用于消费和投资。而且客户的工作、收入尚处于上升阶段，因此投资会更激进一些，风险偏好更强，对短期的投机性产品较为关注，不愿意投资长期的稳定收益的产品。

处在形成期的家庭即从结婚到子女出生阶段的家庭。两个人构建家庭后以家庭为单位进行资产规划。家庭收入有所增加，但夫妻两人的生活质量相对以前单身时有所下降，夫妻双方会考虑给子女积存教育资金，数额较大的稳定支出多为房产购置、汽车购置等。因此该阶段的资产较为吃紧，客户大多寻求稳定收益的理财产品。

处在成长期的家庭即从子女出生到子女独立阶段的家庭。在这一阶段，夫妻二人的事业基本达到顶峰，收入也随之上升到最高，子女的养育方面会耗费大量的家庭资产，夫妻双方将考虑子女出国留学事宜，为子女设立信托基金以保证他们未来独立后的生活水平。在资产配置方面，尽管客户本身的抗风险能力较强，但由于子女的资金需求较大且刚性，因此高风险类资产配置比例或将有所下降，债券等固定收益类资产配置比例或将继续提高。在保险安排方面，由于这一时期家庭成员增加，子女与父母都是保险的目标群体，因此保险安排应考虑增加子女教育年金保险、父母的养老保险等，如果有房贷、车贷等负债，还应增加寿险保额，将贷款额覆盖掉。

处在成熟期的家庭，即从子女独立到夫妇至少有一人退休的家庭。在这一阶段，由于子女独立、贷款大部分还清，家庭的资金负担逐渐变轻，夫妻双方将制订退休规划，为退休后仍能保持之前的生活水平而进行资产储值和增值。在资产配置方面，股票类资产配置比例将进一步降低，债券等固定收益类资产配置比例将有所提升。在保险安排方面，风险类保险比重应逐步下降，重点也应向养老保险转移。

处在衰老期的家庭，即从夫妇退休到夫妇离世阶段的家庭。由于家庭整体收入的下降以及诸如医疗费用等固定支出的提高，资产配置应以固定收益类投资为主，债券和货币基金类的资产配置比例应提高到75%，风险较高的股票类资产配置比例可进一步降到25%以内。在配置养老年金保险的同时，保险安排方面应增加特殊保险的投放，诸如特大疾病医疗保险、专家医疗服务保险以及住院医疗保险等，用以减轻子女负担。在这一阶段，许多高净值客户（比如企业家）开始考虑遗产的规划、对子女进行企业平稳递接。

二、客户人生规划需求分析

从客户人生阶段的维度来看，客户需求和客户的财务特征密切相关。在一般情况下，客户的收入从毕业开始获得，在中壮年达到峰值，退休后失去大部分收入，依靠工作时攒下的财富生活。在支出方面，私人银行客户的支出水平可能一直都比较高，但是侧重点不同：年轻时侧重消费、住房，中年时侧重子女教育，年老时注重健康、养老。以上是在传统家庭生命周期状态下相对稳固的客户财务状况与金融需求变动状况，然而在现实生活中，由于存在着离婚、丧偶、再婚、丁克家庭、早婚、失业等多种影响家庭生命周期财务状况的现实与经济因素，客户的金融需求也必将发生变化。因此，在服务具体客户时，私人银行必须根据客户家庭的具体财务状况及其家庭生命周期所处的特定阶段进行金融需求分析，分析客户在不同人生阶段的需求（见图3-2），灵活使用贷款、资产配置方案以帮助客户实现财富管理目标。只有这样，才可以全面而又准确地把握客户的金融需求，有效提升银行的营销能力。

	阶段特征	阶段需求
婚前单身期	▪ 财富多来源于赠予、继承 ▪ 境内外消费支出较多 ▪ 关注新兴事务 ▪ 具有一定的风险承受能力	▪ 高端信用卡 ▪ 婚姻风险隔离 ▪ 权益类产品
家庭形成期	▪ 整体收入逐渐积累 ▪ 购房支出占比较高 ▪ 具有一定的风险承受能力	▪ 购房按揭贷款 ▪ 婚姻风险隔离 ▪ 资产综合配置
家庭成长期	▪ 收支水平同步增加 ▪ 消费偏重子女教育 ▪ 关注家庭生活品质 ▪ 具有较强的风险承受能力	▪ 子女教育、留学沙龙 ▪ 家庭财富保障、传承 ▪ 资产综合配置
家庭成熟期	▪ 收入达到顶峰 ▪ 消费偏重健康养生 ▪ 追求高品质生活 ▪ 风险承受能力中等	▪ 养生沙龙 ▪ 家族财富保障、传承 ▪ 资产综合配置
家庭衰老期	▪ 依赖年轻时创造的财富生活 ▪ 消费偏重健康医疗 ▪ 风险承受能力较弱	▪ 家族财富传承 ▪ 医疗、养老保障 ▪ 固定收益类产品

图3-2　客户不同人生阶段的特征及需求

三、客户人生规划策略

（一）婚前单身期

- 婚前单身阶段的高净值客户，基本没有家庭经济负担，可以将更多的资产用于消费。对于此类客户，私人银行可以进行信用卡的营销，并邀约客户参与奢侈品沙龙。
- 客户的事业、收入处于上升阶段，未来会有更高的收入，因此投资会更激进一些，风险偏好更强，对短期的投机性产品较为关注，对稳定收益的产品接受能力一般。对于此类客户，私人银行具备一定权益型产品的营销空间。

- 部分客户会考虑在婚前做好资产结构设计，规避婚变带来的风险。对于此类客户，私人银行可以尝试家族信托的营销。

（二）家庭形成期

- 多数客户在此阶段进行房产、汽车的购置。对于此类客户，私人银行可以从个贷业务切入客户服务。
- 客户开始以家庭为单位进行资产规划，投资风格较婚前单身期相对稳健。对于此类客户，私人银行可以对其资产进行综合配置。
- 客户的家庭收入不断增加，私人银行可以促成面访并向客户配偶进行拉新资金营销。

（三）家庭成长期

- 客户在子女养育方面会耗费较多的家庭资产，同时考虑子女留学、创业的专项资金安排。对于此类客户，私人银行应当以其子女未来资金支出为切入点对其进行整体财富规划。
- 在资产配置方面，尽管客户收入大幅上升，其本身的抗风险能力增强，但由于养育子女的资金需求较大且刚性，因此对于此类客户，私人银行应减少高风险类资产配置，提高债券等固定收益类资产配置比例。
- 在保障传承方面，随着子女的成长和父母的衰老，客户多会考虑保险的配置。保险安排应考虑增加子女的教育年金保险、父母的养老保险等，如果有房贷、车贷等抵押贷款，还应增加寿险保额以覆盖贷款金额，避免人身意外导致家庭资产被拍卖。同时，私人银行可以根据客户为子女制订的未来资金支出计划设立家族信托，预防婚变风险，并保证客户子女将来独立后的生活水平。

（四）家庭成熟期

- 这一阶段，客户开始进行退休规划，私人银行可为客户提供在其退休后仍能保持之前生活水平的资产保值和增值服务。
- 在资产配置方面，股票类资产配置可进一步降低，债券等固定收益类资产配置可适当提升。
- 在保障传承方面，考虑到客户年龄的增长，私人银行应为客户逐步加大医疗险、寿险的配置，同时可以考虑帮助客户设立家族信托，进行客户资产的运作及传承安排。

（五）家庭衰老期

- 随着客户不断衰老，私人银行可以以养老资产分配、减轻子女负担为切入点，为客户进行资产规划安排。
- 在资产配置方面，随着家庭整体收入的减少以及固定支出（诸如医疗费用等）的提高，私人银行应在考虑流动性的同时为客户配置固定收益类资产。
- 考虑到客户年龄，私人银行应逐步加大医疗险、寿险的配置。许多客户开始考虑遗产的安排，针对客户的传承需求，私人银行可以进行家族信托的针对性营销。

四、客户人生规划的应用

（一）总行精准推送客户

基于私人银行客户经理对客户进行KYC获取的信息，总行可以通过CRM系统（客户关系管理系统）给每个客户打上相应的人生阶段标签，并提供给一线人员，以协助私人银行客户经理做好客户人生阶段的分类指引。

（二）分行策划活动

分行可以根据不同人生阶段客户群的特征，定期举办客户活动，将客户名单下发到各支行进行邀约，实现定向活动策划，满足客户非金融服务需求，提高客户黏性。

（三）支行经营运用

支行零售分管行长在制订支行经营计划时，应根据客户人生阶段对存量客户进行分群，确定相应的经营计划及产品销售策略，以把握更加明确的经营方向。

私人银行客户经理应通过客户所处的人生阶段，结合事件触发点，掌握客户的变动情况，并实施相应策略。

第二节 新时代客户角色的划分

随着传统产业升级、新兴产业规模化为经济发展注入新动能，新经济崛起下的股权增值效应，推动企业中高级管理层与专业人士新富人群涌现，中国经济社会进入速度变化、结构优化、动力转换的“新常态”。在新经济市场环境下，私人银行客户的职业特征是客户社会角色的决定因素，会影响客户的财富管理观念和习惯，也是客户经营策略的决定性因素。

一、私人银行客户角色分类

私人银行客户职业特征基于客户自然属性，受到客户年龄、性别、收入、资产来源、企业基本信息等因素的影响。在此基础之上，我们可以根据私人银行客户职业特征深入挖掘客户需求。私人银行客户职业特征分为以下几类：

- 一代创富者。该客户群为私人银行最主要的战略客户群，以中小企业主、民营企业家为代表。私人银行应以深化公私联动为主要经营方向，围绕家族财富传承及资产保值增值需求进行经营维护。
- 二代继承者。客户年龄一般为35～45岁，参与家族企业的经营、管理，对企业运营有一定的决策权，并逐步成为企业的接班人，或属于家族财富传承的对象。针对该类客户群，私人银行应以提升服务品质、全面延展服务范围为主要经营方向。
- 高薪收入者（金领、白领等）。该客户群以职业经理人、公司高管、专业人士（例如医生、律师、演员、工程师、会计师、精算师等）、大学教授为代表。结合客户的个性化需求，私人银行应以综合服务为主要经营方向。

- 家族财富管理者。该客户群包括专注于为家庭打理财富的女性客户以及退休的年长资深人士。针对该类客户群，私人银行应以退休养老、资产保值增值、家族财富传承为主要经营方向。

二、客户角色需求分析

从客户职业维度来看，基于客户职业特征梳理出的不同客户群的需求要点分为常规需求和深度需求两大类（见图3-3）。在进行KYC及需求了解时，私人银行可以先从客户的常规需求开始分析并提供针对性的服务；在与客户建立更深层次的关系后，私人银行可以帮助客户进行深度需求的挖掘。

	常规需求	深度需求
一代创富者	▪ 企业融资 ▪ 子女教育、接班人培养 ▪ 医疗保障	▪ 企业传承 ▪ 企业经营风险隔离
二代继承者	▪ 财务规划 ▪ 资产保值增值 ▪ 教育、留学	▪ 企业转型规划 ▪ 婚姻风险隔离
高薪收入者	▪ 高端信用卡 ▪ 身份认同需求 ▪ 运动、旅游	▪ 婚姻风险隔离 ▪ 创业需求 ▪ 融资需求
家族财富管理者	▪ 资产保值增值 ▪ 资产配置建议	▪ 家族财富传承

图3-3 职业维度的客户群需求分析

三、客户角色分群策略

（一）一代创富者

- 关注一代创富者的企业融资需求及解决方案，根据客户家庭情况提供财富传承及家族企业治理的咨询建议与服务。
- 全面考虑客户个人、家庭、企业需求，为客户提供综合资产配置建议与服务。
- 关注客户资产保全与隔离（家庭保障）的需求，为企业主个人提供财产规划与企业财务规划相结合的服务及相关财务咨询服务。
- 提供子女教育、名医就诊、移民、跨境税务、公司业务需求等资讯与沙龙服务。

（二）二代继承者

- 针对二代企业家面临的企业交接、转型、并购等更复杂的财务问题提供财务规划服务。
- 结合客户个性化需求提供定制的私人银行金融服务与非金融服务。
- 针对婚姻风险提供家族信托设计方案。
- 提供个人生活品质、子女教育、子女实习、名医就诊、移民、跨境税务、公司业务需求等资讯与沙龙服务。

（三）高薪收入者

- 提供私人银行白金信用卡、外币信用卡产品，满足客户境内外消费需求。

- 提供稳健、灵活、专业的产品配置组合，配置子女教育、保险基金，对闲置资金提供全权委托金融服务。
- 针对婚姻风险提供家族信托设计方案。
- 提供与运动、出行、旅游相关的非金融服务权益。

（四）家族财富管理者

- 为其资产保值增值提供稳健型、平衡型产品咨询及解决方案。
- 提供家庭成员保障规划与安排，提供关于家庭财富传承和税务分离的咨询服务。
- 基于资产保全与隔离（家庭保障），提供关于隔离家族财产规划与企业财务规划的服务及相关财务咨询服务。
- 提供投资、艺术品鉴赏相关的咨询与沙龙活动。

其中，我们应当分配更多的精力与时间给一代创富者客户。招商银行与贝恩资本的高净值人群调研分析表明，在高净值人群构成中，一代创富者、高薪收入者的占比合计超过70%，是私人银行重点经营与维护的客户群。尤其是以企业高级管理层为代表的一代创富者群体，1亿元以上资产级别及5 000万～1亿元资产级别的客户占比显著高于其他职业类型的客户群（见图3-4）。因此，各分支行应重点关注、挖掘该客户群的需求。

在整体投资风格上，企业高管对风险控制较为看重，同时积极探索创富机会，投资风格稳中求进：一方面，企业高管十分注重风险控制，其中仅不足5%的人倾向于追求高收益、高风险的财富目标；另一方面，企业高管也更关注抓住资本市场投资机会，他们将约40%的可投资资产配置在股票、债券、基金等资本市场产品中，仅次于专业投资人的配置比例。

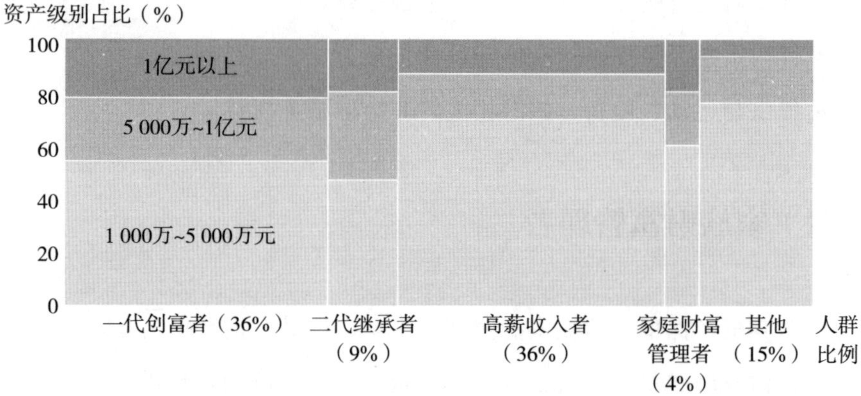

图3-4　高净值人群比例与资产级别占比

在教育背景方面，接近90%的受访企业高管为大学及以上学历；在行业分布方面，这些高管从事的产业中约30%为战略新兴产业（信息技术、生物医药、高端装备制造、新材料、新能源等），18%为制造业，10%为金融行业。良好的教育背景和丰富的行业经验使得企业高管对于经济宏观趋势、行业动态和金融市场的了解高于高净值人群平均水平，相应地对财富管理机构专业投资能力的要求更高。当被问及选择境内财富管理机构标准时，团队专业度为其首要标准，被提及率高达60%；与此同时，对于与客户经理的关系重视程度相对低于其他群体，被提及率约为30%。

由于企业高管目前把主要精力都放在企业的经营与管理上，其自身财富增值深深根植于企业成长之中，除了个人财富管理需求外，他们对于财富管理机构往往会提出较为复杂的企业服务需求。部分受访高净值人群表示，希望私人银行能够协调资源，满足包括企业融资、企业咨询服务、企业财务战略和投资者关系管理等在内的企业相关需求。这些需求横跨金融产品、非金融产品、繁杂的事务性服务和专业咨询服务，具有很深的需求挖掘潜力。在需求挖掘思路上，私人银行要灵活运用公私联动以及私公联动的思维，实现客户的深度经营，增强客户黏性。

四、客户角色特点的应用

（一）总行精准推送客户名单

通过私人银行客户经理KYC并对客户进行分群，总行可系统收集并分析重点目标客户群的特性，筛选目标客户群名单。定期精准推送客户名单给私人银行客户经理，将助力私人银行客户经理聚焦目标客户，并基于总行重点经营客户群的金融需求与非金融需求，做好针对性营销，提供客户群定制化产品配置建议，提升客户的营销服务体验。

（二）分行策划活动

分行可以根据不同职业客户群的特征，定期举办客户活动，将客户名单下发给各支行进行邀约，实现定向活动策划，满足客户的非金融服务需求，提高客户黏性。

（三）支行经营运用

支行零售分管行长在制订支行经营计划时，可以通过对私人银行客户职业特征的分析，盘点私人银行客户群的资产情况，进行针对性的分析，为支行经营提供指导性建议，做好网点经营计划和管理。

私人银行客户经理可结合当月考核重心，针对不同客户群的非金融需求，邀约相应的客户群参加沙龙活动，加深客户关系，赢回客户信任，提升AUM。

私人银行客户经理将分群的客户名单落实到活动计划中，从中了解客户的年龄和性别属性，熟悉相应客户群的客户描述，做到深入维护客户关系，挖掘客户金融需求，增加与客户的黏性。

第三节　经营场景决定经营策略

近年来，大数据杀熟现象在各大媒体、网站上被炒得沸沸扬扬：同一件商品或者同一项服务，互联网厂商在不同场景显示给用户的价格不同，让不同的人为同样的商品付不同的钱，瞬间引发了大家由于受到商家不公平对待的愤怒。

私人银行客户经营场景是私人银行客户与私人银行往来的经营场景。不同的经营场景代表了银行和客户关系的深浅程度，因而也形成了客户的不同特征以及私人银行不同的经营策略。如何避免“大数据杀熟”，如何更好地对待每一位私人银行客户，如何在不同场景下制定不同策略以满足不同客户的需求，成为客户经营中的重要问题。

一、经营场景的分类

私人银行客户的完整经营场景可划分为潜客提升、私行新客、稳定经营、流失预警和降级赢回五个阶段，如图3–5所示。图片下方为零售客户的经营场景。

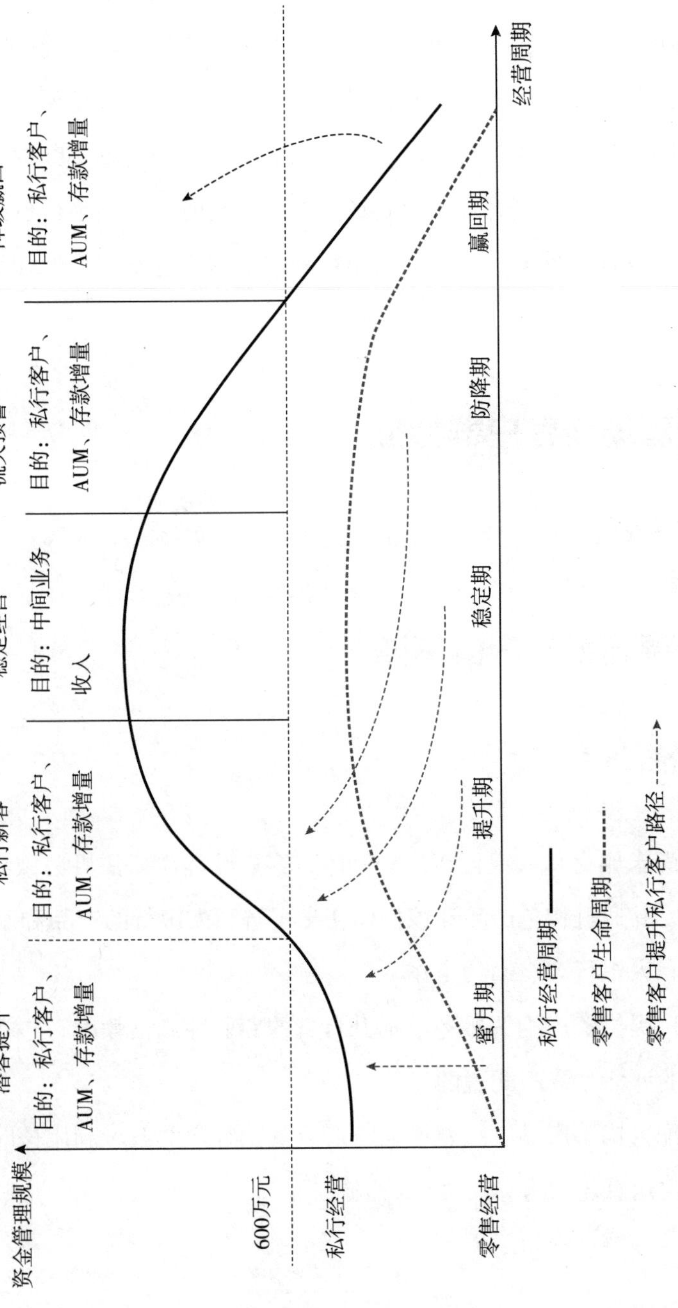

图3-5　私人银行客户的完整经营场景

无论处于蜜月期、提升期、稳定期、防降期、赢回期，只要通过持续经营维护使客户达到私人银行客户经营标准，零售客户就能够开启私人银行客户经营场景。对不同经营场景的客户，私人银行需要采取不同的经营策略，通过私人银行优质产品、权益、服务的配置不断提高客户的贡献度和忠诚度。当客户的经营场景发生变动时，私人银行也能够通过事件的触发提早预警，提醒私人银行客户经理跟进维护，加强私人银行与客户的黏性。

二、经营场景客户群特征

不同经营场景，其客户群特征也是不同的，如图3-6所示。

三、经营场景客户群策略

（一）潜客提升

- 对于尚未成为私人银行客户的群体，客户经理需抓住机遇做深客户关系，并通过特色产品让该群体初步了解私人银行的产品和服务。
- 开展私人银行客户邀约工作。
- 为客户提供资产配置服务以提升自身的专业性和信赖度，包括资产配置的评估、资产配置的建议。
- 通过配置钩子产品、拉新产品，形成基础客户关系，利用该时机收集客户信息与需求。

潜客提升

【定义】客户与私人银行尚未建立联系，双方处于初步接触的阶段。
【基本特征】客户与私人银行相互了解不足、不确定性大。
【客户行为】在这一阶段，客户会初步了解私人银行产品及权益。大多数私人银行潜客来源于贵宾II级客户，但因缺乏考核导向，该级别客群的降级率最高。

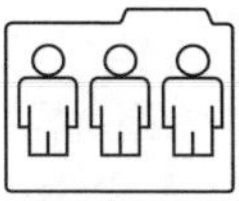

私行新客

【定义】客户的托管资产达到私人银行客户的标准，私人银行与客户的关系建立处于初始阶段。
【基本特征】客户与银行建立了一定的相互信任和依赖。
【客户行为】客户月日均托管资产达到600万元，客户初步享受私人银行的权益与服务。随着客户与私人银行接触的进一步加深以及双方关系的不断深入，客户的价值贡献量逐步提升。

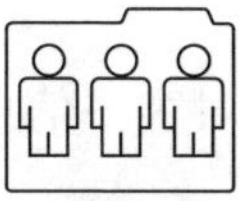

稳定经营

【定义】客户与私人银行的关系处于稳定发展的阶段。
【基本特征】客户与私人银行建立了长期稳定的关系，客户对私人银行提供的价值满意，双方都有时间和资源的投入。
【客户行为】客户对客户经理的信任水平较高，客户的托管资产也处于比较稳定的上升状态。

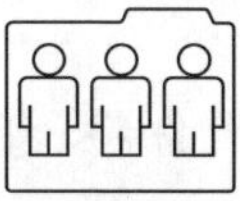

流失预警

【定义】客户与私人银行业务的密切度趋于下降。
【基本特征】客户与私人银行关系的发展过程中出现关系退化的阶段。引起关系退化的原因有很多，比如一方或双方经历了一些不满意、需求发生变化等。
【客户行为】客户的交易活跃度下降，随时可能流失。客户的投资理财产品持有数越少，客户降级率越高。

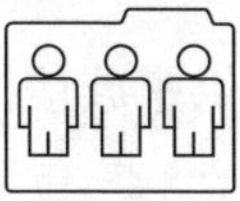

降级赢回

【定义】客户与私人银行的关系到达即将终止或已经终止的阶段。
【基本特征】客户与银行关系面临巨大挑战，客户发出终止或即将终止关系的信号。
【客户行为】客户的托管资产不断下降，客户将资金转入他行。

图3-6　不同经营场景的客户群特征

（二）私行新客

- 客户达标后，客户经理可以利用权益兑换、规则讲解的机会联系客户，增加相互接触与了解的机会。
- 定期为客户提供资产配置相关的服务和建议，包括资产配置的评估、建议和家族信托、全权委托方案的制订。
- 通过交叉产品配置，加强客户黏性。

（三）稳定经营

- 客户经理应当通过前期的接触以及客户的历史交易行为对客户信息进行比较全面的掌握，对客户的需求具有较深的了解。
- 客户经理基于对客户的了解推动客户对复杂产品需求的引领，比如净值型资管计划、全权委托方案等。
- 客户经理提供稳健、灵活、专业的产品配置组合，配置保险、信托、资管计划。
- 客户经理协助提供私人银行白金信用卡、无限信用卡、个贷产品，满足客户境内外消费需求。
- 客户经理对家族财富传承、公私财产分离、婚姻风险提供家族信托的设计方案。

（四）流失预警

- 当客户出现大额资金异动情况时，私人银行客户经理要及时了解资金变动的原因和用途，与客户进行沟通，做好资金动向的监控工作。

- 私人银行客户经理应每日关注CRM营销事件提醒以及精准营销的流失预警名单，了解客户诉求，并有针对性地进行产品和服务营销。
- 加大客户交叉产品的持有数量，提高客户黏性。
- 针对客户的不满提出解决方案，通过配置固定收益类产品、权益类产品等来扭转客户流失的局面。

（五）降级赢回

- 针对已降级的客户，要及时了解降级原因并进行客户挽回工作；对于分支行层面无法挽回的客户，记录好客户流失原因及挽回所需资源，后续协助总行制定相关挽回策略。
- 通过配置钩子产品、拉新产品以挽回客户。

四、经营场景的应用

（一）总行下发私人银行客户经营场景特定名单并督导

通过每个经营场景里的触发事件与常规触发事件，总行提取并生成需要跟进的私人银行客户名单并下发分支行。私人银行客户经理可根据客户所处的经营场景分析客户特性，并基于客户的金融需求与非金融需求，做好针对性营销。同时，总行需对各分行的客户联络情况进行统计与分析，督促分行落实客户经营过程中的管理工作。

（二）分行督导经营场景名单使用情况

分行财富顾问定期对经营场景名单上的客户联络情况进行统计与分析，并通过录音抽查私人银行客户经理的联络质量，同时对名单的理财承接率、降级赢回客户数等指标进行评价，利用好经营场景事件管理工具对支行的客户经营管理工作进行督导。

（三）支行经营运用

支行零售分管行长在制订支行经营计划时，可以运用私人银行客户经营场景概念进行客户群分析，盘点私人银行客户在行内所处的经营场景和客户资产情况；结合总行的事件触发点，协助支行私人银行客户经理进行针对性的网点存量客户分析，为支行经营提供指导性建议。

私人银行客户经理可通过客户所处的经营场景，结合事件触发点，掌握客户的变动情况。例如，客户触发了“到期未承接”事件，则反映客户处于流失预警阶段，私人银行客户经理需要及时跟进客户进行需求分析并提供产品组合配置，或邀约相应客户参加沙龙活动，加深客户关系，挽留客户的托管资产。

第四节　客户分层经营的智慧

目前，多数国内商业银行在对个人客户进行分层管理时，基本都将金融资产作为其分类的主要依据，这是由于拥有更多金融资源的高价值客户是银行利润的主要来源，也是银行高端产品的主要目标客户群。根据著名的“二八定律”可知，一家银行最好的20%的顾客能为银行创造80%的利润，因此如何更好地服务这部分客户，成为银行抢占零售市场、创造利润的一个关键。而将个人客户按资产级别进行分类，无疑是一个最简单且直接的分层管理方法。

一、客户分层经营的定义

私人银行客户AUM分层指的是，通过对客户月日均资产进行考量，针对不同层级的客户，提供差异化的增值服务和经营策略，提升不同层级客户的潜在经营价值。

二、客户分层经营需求分析

从月日均资产分层维度来看，针对不同资产管理需求的客户，私人银行要制定不同的需求分析策略：针对私人银行客户中的高端客户，私人银行客户经理必须一户一策地把握客户所有需求；针对中低端客户，私人银行客户经理可以基于客户的群体性需求进行挖掘（见图3-7）。

第一层级

从交易习惯来看，除现金类理财外，该客群以购买三个月期限理财产品为主，对收益率较敏感。由于客户管资已达标，私人银行客户经理失去对该层级客户深度经营的动力，这点是降级客户产生的主要原因。

第二层级

该客群的现金类理财交易占比提升，除现金类理财外，该客群以购买三个月及半年期限理财产品为主。该层级客群的托管资产结构中现金类占比较多，存在易流失风险。对于此类客群，私人银行客户经理应以持续稳定经营策略为主。

第三层级

该客群的部分资产为企业资金所得，他们对资金安全性有一定要求，对收益率敏感度下降。现金类理财交易占比进一步提升，客群对现金类保本理财需求大幅提升。针对该层级客群，私人银行客户经理应以持续经营为主，可引领客户关注保值增值类金融产品。

第四层级

该客群的大多数资产为企业资金所得，对现金类保本理财需求继续提升，“节节高”产品交易频次增加。针对该层级客群，私人银行客户经理可深入挖掘客户需求，在资产保值增值的基础上关注产品的传承、保障等功能需求。

图3-7 不同层级的客户需求分析

三、客户分层经营策略

（一）第一层级客户

- 销售重点固定收益类产品。
- 降低临界客户流动资产的配置比例，降低客户流失风险。
- 提供该资产层级的私人银行权益，为潜力客户提供高端的试用权益。

（二）第二层级客户

- 持续稳定经营，销售重点固定收益类产品。
- 选取曾购买长期限理财的客户，尝试进行全权委托、家族信托业务的营销。
- 基于核心需求提供资产配置服务，提高客户资产配置的健康度。
- 提醒客户进行权益使用。

（三）第三层级客户

- 深挖客户信息。
- 销售重点固定收益类、权益类产品以及全权委托、家族信托产品。
- 基于客户的核心需求提供资产配置服务。
- 利用钻石管家服务提高客户黏性。

（四）第四层级客户

- 深挖客户信息。
- 销售重点固定收益类、权益类产品以及全权委托、家族信托产品。
- 基于客户核心需求提供资产配置。
- 关注该层级客户的所有需求，积极响应客户的咨询服务需求。
- 利用钻石管家服务、私人银行客户年度私享会活动以提高客户黏性。

四、客户分层经营的应用

（一）总行依据客户AUM分层制定经营及资源分配策略

总行通过不同资产层级分类的客户群提供不同的权益资源，下发不同的产品配置策略；运用有效的资源提升经营价值，通过客户资金实力分析来明确客户的经营方向——提升资产贡献度、认同度或忠诚度；对不同层级的客户提供差异化金融服务和非金融服务，最大化发挥权益资源价值并向更高层级的客户倾斜，提升高净值客户的满意度和忠诚度。

（二）分行根据客户AUM进行分层经营

分行在对不同资产等级的客户群执行客户邀约工作时，应当根据客户资产等级组织相应分行领导进行面谈；在分行定期举办客户活动、客户沙龙时，应当优先考虑高资产等级客户的参与意愿，满足该等级客户的非金融服务需求，提高客户黏性；此外，分行还应当根据支行反馈的客户需求，综合考虑高净值客户的综合贡献度，为他们分配更多更好的客户经营资源，以实现客户的深度经营。

（三）支行经营运用

高净值客户是支行的重点客户资源，AUM的分层可以帮助支行进行有优先级的客户盘点，对不同AUM层级的客户设置不同的关注度和维护策略。对高等级的私人银行客户，私人银行客户经理需要对其进行深入的需求挖掘，对客户的每一个需求都予以关注和解决；对低等级的私人银行客户，我们可以通过标准化的资产配置策略以及高品质的营销服务流程来进行维护。

第五节　用全方位的服务体系提供卓越服务

一、家族信托客户群的需求特征

（一）家族信托签约客户的特征

家族信托业务的灵活性决定了它既可以解决客户的企业资产隔离、婚姻风险隔离等问题，也可以解决客户资产的分配和传承需求。在这一方面，中信银行总行目前正在研究家族办公室的方案，以进一步满足高净值客户的需求。结合人生阶段分群，家族信托存量客户的需求特征及产品卖点如下：

婚前单身期、家庭形成期：逐步掌握家族企业控制权，有资产隔离意识、移民计划。

家庭成长期：企业资产隔离，资产保值增值，子女教育、婚姻风险隔离。

家庭成熟期：企业资产隔离、资产保值增值、子女教育、移民计划。

家庭衰老期：税务筹划、养老安排、传承规划。

针对不同客户群的需求特征，家族信托的服务方式也各不相同，如图3-8所示。

1 企业资产隔离	协助客户梳理企业资产及负债，将公司财产与个人财产分开管理，将个人财产纳入信托账户保护，规避公司破产对个人财产的执行风险。
2 子女教育、传承规划	通过信托财产的安排，可以灵活制订子女的传承计划。子女的学业、婚育时间、创业计划都可以成为其传承条件，引导子女向正确的方向发展。
3 客户及子女婚姻风险隔离	由于信托财产安排的灵活性，我们可以采用如下方式减小婚变损失： 1. 指定特定关系人为受益人（如××之妻）； 2. 婚前设立信托财产； 3. 将财产按年平均分配，避免配偶一次性挥霍。
4 养老安排	可以对老人消费水平进行预估，进行信托财产的陆续分配，避免老人一次性持有过多资产。
5 税务筹划、移民计划	可以通过信托设计对移民客户设置延迟分配安排，以降低累进税率。

图3-8 家族信托的不同服务方式

（二）家族信托客户画像

绝大部分家族信托客户与私人银行签订的是无固定期限合约，且大多数客户为中年客户，在家族信托签约前已成为私人银行客户。从行业来看，签约家族信托的制造业客户分布最广；从职业来看，企业高管是购买家族信托的主力。

从客户身份、受益人指向、设立目的来看，家族信托可划分为财富传承、资产隔离、财富守护三个业务场景。每个场景的客户在投资风格、业务使用偏好上具备显著的区分度，客户经理可以根据客户的画像（见图3-9），从相应的场景出发创造客户需求并进行客户营销。

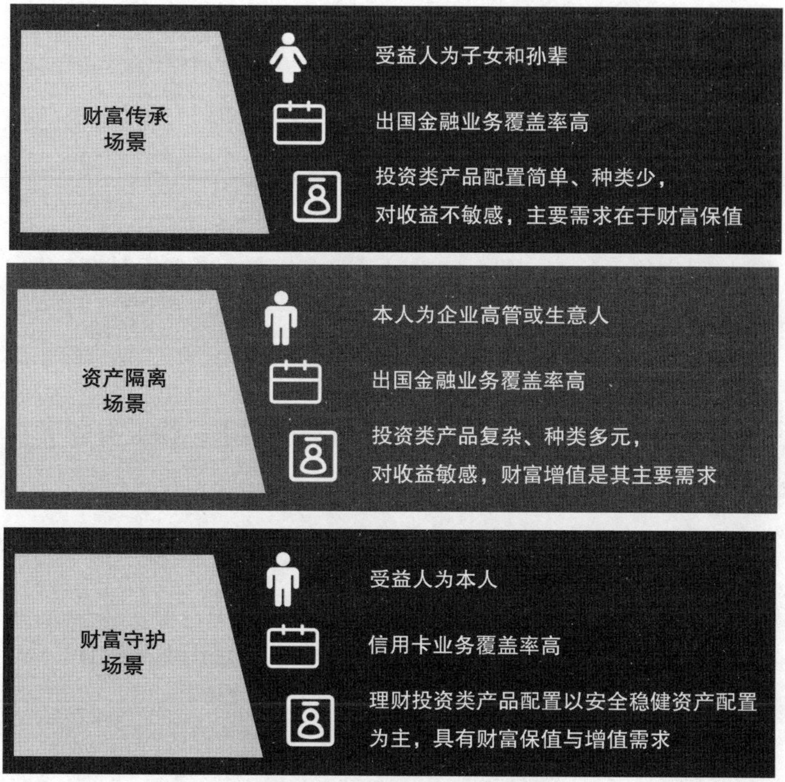

图3-9　不同场景的客户画像

二、家族信托客户群的营销技巧

（一）客户分类

结合客户职业特征分析，私人银行可以重点关注以下角色分类和痛点。

1. 精明的企业主（创一代）

①家企分离；②流动性储备与风险隔离；③遗产税等税务规划。

2. 焦虑型配偶（创一代配偶）

①子女教育；②子女婚姻；③子女健康；④品质养老。

3. 慈祥的祖父母（创一代）

①将财富传承给第三代；②鼓励子辈多生育；③照顾孙辈。

4. “85后”新贵（二代继承者）

①家庭财富的代表者；②外露而张扬的需求；③上有老下有小；④对新事物勇于尝试。

5. 中年“一家之主”

①资产配置；②身份规划；③照顾兄弟姐妹；④子女教育；⑤子女继承家业；⑥子女婚育。

6. 全职太太

①保留一部分仅属于自己的财富；②品质生活；③子女教育。

（二）家族信托的营销场景

1. 客户对子女的担心与关爱

- 子女可能有一些不良习气，比如炫富攀比、挥霍浪费、交友不善等。

- 客户对子女有特别的期望和要求，希望子女最好或一定可以达成。
- 子女的婚姻可能存在隐忧，比如客户不满意子女的配偶，担心家族财富落入旁姓，出现“人财两失”的局面。
- 子女之间存在纠纷隐患（既有的或潜在的），或客户作为父母在多子女中有偏爱之心。
- 客户希望给予子女学业、事业、生活等方面持续稳定的保障与一定的激励。
- 客户与子女的年龄差距过大（老来得子）或与配偶的年龄差距过大，对身后的财富安排心事重重。
- 客户可能需要兼顾几次婚姻或婚内婚外子女的照顾问题。

2. 客户本人的不安

- 因意外、疾病或死亡风险发生，使得客户无法完成应尽的责任。
- 客户本人婚姻家庭的不稳定。
- 客户担心企业经营风险可能对家族财产造成冲击。
- 客户有生前身后之事需交代专人办理，但又担心专人不会尽心尽职。
- 客户希望本人意愿能够持续执行，不受干扰。

3. 对税负的考量

- 客户高度关注中国未来可能开征的遗产税、赠予税等，希望能未雨绸缪，保护家族财富不被税负侵蚀。
- 家族信托能够减少客户忧虑，助力客户未雨绸缪（风险管理与税务筹划），又能为客户的持续责任（财产分配与传承安排）做出贡献，又因其具有高度的灵活性与定制性，使得这个工具存在极大的扩展空间。

（三）客户痛点与营销切入点

- 没有精力、专业能力直接投资，又想获得高于银行的理财收益。
- 担心子女管理财产的能力，害怕财产被挥霍，富不过三代。
- 保持特定的财产隐私，担心财富带来隐患。
- 多次婚姻，家庭关系复杂，担心家庭内乱。
- 子女较多或子女不肯接班，家族企业传承过程中可能发生内乱。
- 父或母和子女年龄差距较大，例如老夫少妻，担心孩子未来的照顾和事业发展。
- 企业资金链紧张，作为公司股东，客户需要为企业的融资提供无限连带责任担保。
- 担心子女的婚姻风险。
- 离婚后准备再婚。
- 关心孙辈的成长与幸福生活。
- 找别人代持资产。
- 担心遗产税或移民后的巨大税务负担。

三、全权委托客户群的需求特征

（一）全权委托潜在客户群的需求特征

全委委托潜在客户群的核心需求为资产的增值保值，围绕着核心需求，进一步衍生出资产管理便利性、资产投资效率、资产管理能力、资产风险管理四个子需求，构成了以下五个全权委托潜在客户的需求特征。根据全权委托潜在客户群的需求特征，我们梳理出的产品卖点如下（见图3-9）。

1　以投资增值为核心需求	发挥银行资产端优势，以投资为主要目的，建立一个收益多元、风险分散的投资组合。 对比同业，展示业绩比较基准、历史业绩（注意销售合规）。
2　委托管理、集中管理资产	操作便利：全权接受客户财产委托，专门设立理财产品，免去客户反复购买赎回理财产品的烦琐操作。 投资省心：全权由资管中心团队在系统化决策体系支持下开展多策略、多资产配置，免去客户在各市场领域“单兵作战”。
3　希望缩短资产空配期	一对一定制专属理财产品，注重投资中的深度交互与持续跟踪服务，量身定制产品的投资范围、投资限制和流动性安排，达成安全性、收益性与流动性的完美平衡。 亿元大单定制优势：投资、期限、流动性、安全垫策略。
4　看重银行品牌与资管能力	品牌：××银行是中国最早参与国内外金融市场融资的商业银行，屡创中国现代金融史上多个第一。 明星团队：××银行资产管理业务中心汇聚了国内一流的专业英才，由具有国内外顶级资产管理机构的领军人物组成。
5　希望用资产配置分散风险	全权委托产品的投资范围除传统的固定收益类资产外，还覆盖了权益、股权、衍生品、非标准化资产、境外资产等多个资产类别，通过分散持仓、主动管理、动态对冲等多种策略降低组合风险，兼顾高收益与风险控制，实现稳健绩效。

图3-9　全权委托潜在客户群的需求特征以及针对性的产品卖点

（二）全权委托客户画像

从业内存量数据来看，存量全权委托的签约客户以中年客户为主。相比一般私人银行客户，该客户群更偏好现金型及净值型理财、基金、保险类产品。其中，绝大多数客户的管理资产曾达到私人银行紫钻级及以上级别。

总行可根据各分行反馈及销售案例收集，总结全权委托存量客户的特征，具体案例可以通过私人银行内部组织的晨会分享形式来获取。私人银行客户经理可以依据以下特征对客户进行评价，对符合三项及以上目标特征的客户，应当考虑尝试全权委托产品的营销。同时，总行精准营销项目也会按照如下特征每月生成潜在客户名单并下发分行，私人银行客户经理应逐户落实，对名单客户进行全权委托业务的需求挖掘以及产品营销。

- 分行零售分管领导、支行长等亲自维护的密切关系客户。
- 曾购买大额理财产品或该类产品即将到期的客户。
- 曾购买长期限理财产品并对净值型理财有充分认识的客户。
- 长期定居海外，平时不方便管理资金并希望委托银行全权管理的客户。
- 客户有亿元产品购买力或在他行有较大委托金额。
- 企业主客户。

四、全权委托客户群的营销技巧

根据不同类型的客户，全权委托主要结合定制理财与全权委托服务两个主要场景进行营销，客户经理应当根据目标客户的特征为客户选择相应的场景进行营销。

（一）定制理财——净值理财中的“战斗机”

相对理财产品，全权委托业务在资产配置合理性、收益性、安全性、流动性方面都具有较为显著的优势。因此，针对能接受净值型理财的高净值客户，私人银行客户经理可以从理财产品对比的角度出发来引领、挖掘客户需求（见图3-10）。

营销场景	定制理财
客户群特征	客户能接受净值型理财或有过购买经历，认可私人银行的理财服务。
切入方式	与类似款（风险等级、投向、期限等）净值型理财做对比。
实施步骤	第一步：交朋友，积极开展KYC，挖掘客户投资痛点。 第二步：结合客户痛点与全权委托产品特色，系统介绍产品较其他理财产品的优势。 第三步：结合净值型理财评价“四步法”（业绩基准、历史业绩、流动性安排或兜底条款、投资团队实力与运作逻辑）介绍升级版全权委托业务的亮点。

图3-10　定制理财的实施方式与步骤

（二）全权委托服务

全权委托业务的优质资产储备充裕，风控严格，投后管理规范，集团品牌优势明显，定期信息披露让客户更安心。因此，对于无暇打理资产、希望可以委托给可靠的第三方进行资产管理的客户，私人银行客户经理可以从全权委托服务的角度出发来引领、挖掘客户需求（见图3-11）。

营销场景	全权委托服务
客户群特征	客户喜欢尝试新事物，认可“全权委托”管理理念，认可私人银行投资团队的实力。
切入方式	从全权委托服务理念的优势入手。
实施步骤	第一步：交朋友，积极开展KYC，挖掘客户投资痛点、常见痛点——无暇关注家庭资产、需要更谨慎的风险管理、偏好定制化投资方案、偏好专属服务、需要更专业的专家团队。 第二步：结合产品特点提出解决方案，聚焦银行专业投资实力、稳健的投资风格、丰富的资产获取渠道（尤其是在债券发行方面的优势），重点介绍全权委托产品的“一户一策”设计、交互式服务。

图3-11　全权委托服务的实施方式与步骤

第四章

客户需求的引领与创造

第一节　互利共赢是私人银行服务的本质

一、私人银行通过营销谈判与客户建立合作关系

对于任何一个从事生产经营活动的企业而言，谈判是司空见惯的工作内容。谈判的过程，也就是买卖双方就交易物的规模、质量、价格等讨价还价的过程，说到底是买卖双方从各自利益出发进行博弈的过程。由于每个企业的日常生产经营活动都别无选择地依赖于其他企业或社会公众，因此，所有的企业周围都存在着一张复杂的关系网，而谈判则决定了这张网的形状、规模与质量。由于种种原因，每谈判一次，企业的关系网就多了一条线，而线的质量决定了网的质量。

对于作为现代社会经济生活核心之一的银行而言，其日常业务经营活动毫不例外地也是在复杂的关系网中进行的。它不仅要通过谈判购置必要的银行设备、打造精品网点、塑造高价值品牌、优化人力资源结构，以保障银行日常经营管理活动的开展，而且要运用谈判与广大的法人客户和个人客户建立长期良好的合作关系，以增强银行金融产品与服

务营销的核心竞争力，最终实现银行的赢利目标。无疑，谈判并非是与银行经营活动毫无关联的事件，而是市场化条件下银行生存与发展不可缺少的基本要件之一。每次谈判，私人银行都有自己的目标、技巧和成功的标准——它们都体现着银行的利益，每次谈判的结果都或多或少地对银行的经营效益产生着影响。

尽管银行周围存在着一张集设备供应商、广告商、咨询机构和消费者于一体的关系网，但是银行谈判的对象主要是消费产品与服务的法人客户和自然人客户。在这里，我们抽象设备供应商、广告商、咨询机构与银行间的合作谈判，从银行经营市场化入手，探究银行与客户之间的谈判问题。需要明确的是，这里所说的客户是指银行金融产品与服务的消费者，而谈判的真正意义则在于实现客户关系营销和提升银行的营销能力。

二、私人银行营销谈判的最终目的是与客户建立互利共赢的关系

从内部资源合理配置的角度而言，谈判的过程是银行以利益为纽带，将内部一切可以调动和利用的资源合理组织并配置起来，与合作各方及竞争对手抗衡的过程。尽管银行的经营管理活动是分级组织实施的，银行的谈判具有明显的层次性，但它却综合体现了银行的能力。

其一，银行分支机构的经营管理者是谈判的主体，尽管“每一项谈判都是一个独立的事件，其结果在很大程度上依赖于谈判者的判断、时机的选择以及个人经验”。诚然，作为谈判主体的各级分支机构的经营管理者在谈判过程中所表现出来的技巧、经验与素质，与其说决定了谈判的结果，不如说集中体现了银行的企业价值与组织文化以及关乎银

行生存与发展的核心竞争力，因为谈判的结果并非完全由谈判者的个人技巧所决定，谈判者的基本出发点在于尽力维护银行的组织利益，而银行组织利益目标的制定综合体现了银行的内在创造力与整体经营管理能力。

其二，谈判的过程是全面审视、考核和评价银行分支机构的经营管理者分析问题、解决问题的实际能力的过程。从表面上看，谈判双方似乎更多地专注于交易的实现和财务目标的实施。事实上，一个成功的谈判者更为关注的既不是暂时的交易，也不是眼前的财务利益，而是对方所表达的信息及与其建立长期良好合作关系的可能性。把谈判看作零和博弈（此赢彼输，或此输彼赢）的谈判者，永远都不会成为成功的谈判者，因为他（她）过于关注交易而忽视关系，过于关心利益而忽视信息，不仅谈判缺乏创造性，而且难以寻觅到真正的合作者。

因此，从中央到地方，银行的经营管理方不仅要从谈判的细枝末节中明智地摆脱出来，全面地把握和应对谈判，而且要学会透过眼前的交易看到更长远的未来。谈判者如果过于急于求成地达成最利己的交易，极有可能会由于合作条件的苛刻而相应地损害银行日后与客户合作的升级，进而影响银行的可持续发展。

谈判时是从“与交易相关的问题”出发，还是从“与关系相关的问题”出发，固然受谈判立足点、方法论、价值观、利益目标、谈判经验与技巧等的影响，但更为主要的是谈判结果对于银行的生存与发展的深远影响。直接以利益为砝码的“与交易相关的问题”的谈判方式，虽然有助于尽快实现银行的财务目标，但不利于银行稳健经营、可持续发展；而从以责任为砝码的“与关系相关的问题”出发的谈判方式，由于以“双赢”作为银行与客户开展合作的博弈基础，关注长远利益，因而有利于增强银行的核心竞争力。但是，如果银行经营管理者接受谈判者

“为了维护关系，我只得在价格上做出让步”的借口，实际上是在容忍拙劣的交易和脆弱的关系。因为，在谈判中，银行与客户间关系的建立是以“平等、信任、双赢、互惠”作为合作基础的，而不是以单一的利益博弈作为合作基础的。否则，银行与客户之间难以真正建立起良好的具有共同利益目标的战略性合作伙伴关系。

其三，谈判集中体现和反映了银行的创新与管理能力。一方面，银行与客户间的谈判最初都是以特定的金融产品与服务作为谈判内容的，银行的金融产品与服务和竞品相比是否具有竞争力，能否受到客户的青睐，能否为银行争取到谈判主动权，不仅取决于银行的产品策略、价格策略、促销策略的有效性，而且依赖于产品与服务对客户真实金融需求的满足程度，综合反映和体现了银行的创新能力与市场竞争能力。另一方面，客户是选择银行作为交易型合作对象，还是与银行建立长期良好的战略型合作伙伴关系，在相当大程度上取决于作为银行谈判代表的经营管理者的价值取向、合作精神、交流能力、工作方法以及客户关系管理与营销能力。具有良好价值取向与合作精神，能合理调整合作双方的利益，能创造性地加强与客户沟通和交流，给客户以信任感的银行经营管理者，对激发客户的合作热情具有强大的影响力。

第二节　从客户心理分析层面把握需求

一、客户的需求心理学解释

对客户需求的探索是一个心理活动。在产品同质化的现状下，满足客户需求的银行有很多，客户为什么会对一家银行产生黏性？客户心理上的不确定性和隐蔽性是客户经理难以掌握客户需求的原因。客户在银行选择上的心理主要有如下四类。

（一）信任心理

有的客户特别是高龄客户，思想相对保守，在对工农中建四大国有银行具有绝对信任的同时，高度怀疑中小银行的经营能力和信誉。在推荐客户接受产品之前，私人银行客户经理最好让客户先接受机构品牌。只有客户对财富管理机构产生了信任，银行与客户双方才会建立深层次的有效沟通的关系。

（二）便利心理

对地理位置偏僻的支行而言，即使服务再好、产品再优，有些客户还是愿意去自家楼下那家口碑较差的银行排队。对此类客户，银行客户经理务必提前帮助客户普及电子渠道的使用方法，并且在客户来行时帮助客户将手机银行、理财总协议、风险测评等业务做全，一方面可以减少客户的奔波次数，另一方面可以通过多产品、多渠道的开通以增加客户黏性。

（三）从众心理

两家银行销售相似的产品，如果其中一家的产品在你的朋友圈中受到了追捧，那么你在选购此产品时，大概率会与你的朋友保持同步，这就是从众心理的典型表现。在博弈论体系里，跟随策略虽然可能不是最好的选择，却是对许多客户来说性价比最高的选择。

针对客户的从众心理，如果客户经理有关系密切、互动良好的客户，那么他（她）可以对客户进行圈子营销，通过客户转介、客户圈子拜访、上门服务等形式深入客户群进行挖掘性营销。

（四）求实心理

有些客户不会理会广告里天花乱坠的说辞，也不会在意客户经理夸夸其谈的讲解，他们只会冷静地进行数据比较，注重金融产品给自己带来的实实在在的收益。这类客户十分理性，他们对投资有自己的见解，不太容易受其他人影响。

对于理性的客户，需求挖掘及营销难度较大，营销机会也很少，银行客户经理必须在客户、市场、投资逻辑方面做好功课，在日常接触中多为客户提供市场建议，从私人银行的优势产品开始渐进式营销。

二、客户购买行为的心理活动

客户的购买行为不是一个瞬间的拍板行为，而是早在购买行为发生之前就已经开始且在购买行为之后也不会终止的一个完整的过程。客户购买时的活动分为五个过程：需求产生、收集信息、比较评估、购买决策、购买感受。通过对客户的行为进行准确分析，并对每一阶段施加相应的影响，我们就能达到想要的结果——不仅能成功完成针对该客户的销售与服务，还可以让客户转介客户，实现客户关系圈的挖潜。

- 需求产生。客户在拥有需求且该需求通过购买产品可以得到满足时，就会寻找这种商品，开始购买行为。
- 收集信息。为了满足需求，客户会积极寻找或接收能够满足其需求的信息资料，以便于分析决策。
- 比较评估。客户对从各种渠道获取的信息进行分析、评估和选择，这是客户购买过程的重要阶段，也是下单的前奏。
- 购买决策。客户对商品进行比较分析后，即形成购买意向，这种意向非常倾向于购买行为，是购买意图的最直接的反映。
- 购买感受。这是客户对所购产品通过使用而产生各种想法的阶段，是客户对整个购买行为的检验和反省。

三、影响客户心理的营销谈判

（一）在营销过程中，从谈判态度上把握谈判的主动权

与营销人员一样，谈判者认为谈判成功与否是衡量他们交易能力高低的关键。只有谈判成功，他们才会提升交易业绩，才会获得奖励与职位提升。尤其是在实行绩效考核的今天，谈判者的好胜心理越发强烈。殊不知，谈判者好胜心越强，越是容易在谈判中出纰漏，谈判越是难以斩获全胜。究其原因，无疑是谈判者求胜心切、心理压力过大，缺乏一个良好的谈判态度，进而让对手从谈判细节上把握了谈判的主动权。因此，对谈判者而言，要想在谈判中克敌制胜、把握谈判的主动权，必须保持一个良好的心态。

切忌急于求成。谈判是一场没有硝烟的战争，胜败乃兵家常事。若在谈判前，谈判者制订了若干个备选方案，抱着“不成功便成仁”或

“志在必得”的心态坐到谈判桌前，其结果往往适得其反。许多谈判者为了赢得客户的信任、在谈判中大获全胜，往往花费大量的时间和精力从客户角度设计出需求满足型营销、关系型营销、咨询型营销以及客户至上型营销等多种方案，企求应付谈判中的不测。但由于缺乏平和的心态，急于求成，一旦客户不按谈判者所设想的方案与问题进行讨价还价，或是在距离谈判者的目标越来越近时突然狮子大开口，那么这将令谈判者不知所措。明智的谈判者，不应把谈判的准备工作放在备选方案的制订上，而应将目标放在自身谈判底线的确定与客户心态及性格分析上，且越是“志在必得”的越要“欲擒故纵”，以扰乱对方的谈判方寸，从而把握谈判的主动权。

针锋相对、兵戎相见并不是解决谈判纷争的最佳方法。谈判的初衷在于消除与合作者之间的合作分歧，形成共识，更好地开展合作。因此，无论是交易型谈判，还是关系型谈判，都不能违背“合作”这一谈判的初衷，都应该以尽力与谈判方建立合作关系作为谈判成功与否的检验标准与目标。诚然，与谈判方建立合作关系，是以合作各方的利益得到合理、合法维护为前提的。在谈判中，谈判者既不应轻言放弃，也不应寸步不让，而应相机抉择，在确保自身基本利益得到保障的基础上，采取暂时避让等方式尽力缓解与谈判对手的紧张关系，并利用专业知识帮助对方消除疑虑，重建合作信心，最终与谈判者化干戈为玉帛。

在谈判中，为了缓和谈判紧张局势，谈判者可以运用忍让和妥协策略，但忍让和妥协既不是无原则的，也不是适用于每一次谈判的。是否运用忍让和妥协策略，要视谈判者的谈判目标实现程度与谈判对手的态度而定。对于贪得无厌、缺乏合作诚意的谈判对手而言，采用强硬态度拒绝退让比忍让和妥协更为有效，否则谈判者会在无形中纵容对方敲诈勒索。同时，当谈判对手提出的条件有损自己的基本利益时，我们应断然拒绝忍让和妥协，否则只能损害己方的利益，使合作失去应有的意义。诚然，忍让和妥协只适用于谋求“双赢”的合作伙伴的谈判中。

在谈判中，谈判者经常会遇到这样的客户：对于谈判者而言非常重要，但其态度蛮横、咄咄逼人。这时，我们应采取的最为有效的态度则是具有肯定意义的消极对待，既不要与之针锋相对、一一反驳，也不应无原则地忍让妥协、拱手相让，却可以采取笑而不答、回避、躲闪与搪塞的态度，化谈判中的被动为主动，为双方合作开辟新的空间。

（二）在营销谈判中，学会制定和调整谈判策略

如果说保持一个良好的谈判态度，是谈判技巧的最基本原则，那么谈判技巧中最富有意义和最有价值的原则便是合理制定和调整谈判策略。尽管谈判态度从语言、行为等方面向谈判对手暗示了谈判者的相关信息与谈判目标，但是谈判者的谈判态度是受制于谈判策略的。谈判策略不仅包含着谈判的基础、目标、方法与价值观，而且体现了谈判者的合作意愿，蕴含着谈判者所要谋求的谈判结果。无疑，谈判者的谈判策略是否科学合理，直接关系到谈判的成败，相应地也关系到客户关系营销的成败。因此，对于银行谈判者而言，谈判策略力求解决的问题则是要努力转变客户强硬的立场，带他（她）进入创造性的思维空间，进而建立起以“平等、信任、互惠互利”为基石的长期合作关系，为提升银行营销能力、实现银行可持续发展奠定基础。

第一，私人银行要从自身与客户的共同利益出发，时刻把握自身所能接受的最低价码，尽力增加谈判可以利用的变量。

诚然，为了抢占谈判先机和主动权，客户在参与谈判前固然会从产品功能、服务内涵及价格等方面制订谈判备选方案，认真进行谈判前的

各项准备工作，但对于银行而言，首要的问题不应是研究、预测和设想客户谈判的备选方案并据此制定应对策略，而是要把目光集中到自身与客户的共同利益上，给客户以理解和比较的时间和空间，增强客户的信任感。这样既有利于让客户在谈判中放松戒备，缓和谈判的紧张局势，让谈判双方轻松自如、友好协商，又有利于谈判双方变零和博弈为双赢博弈，变交易谈判为关系谈判，变利益谈判为责任谈判，变对立为统一，有效增强谈判双方的合作意愿。

与从谈判双方共同利益出发选择和制定谈判策略相关的一个重要问题则是，银行要从产品多样化、优惠措施与客户贡献度相关联、扩大增值服务范围、丰富个性服务内涵、提供系统内跨省同品质服务等诸多方面来增强客户的选择性。这不仅有利于更好地为客户提供方便、快捷、高质量的金融服务，而且有利于增加银行在谈判中的可控变量因素。

有研究表明，谈判中增添变量因素至关重要。私人银行可以利用的变量因素越多，为客户提供的选择也就越多。客户的选择越多，私人银行所获得的交易机会就越大，并且有利于在与重要客户谈判时，为谈判双方提供回旋的余地，避免出现一拍两散的尴尬局面，最终让谈判双方对于合作方案达成最大限度的共识。事实上，从产品、服务、价格、营销渠道等诸多方面扩大客户的选择性，有利于促使客户在谈判中摒弃固有的谈判策略而与银行的谈判者自由交流，有助于银行更为广泛地满足客户的潜在金融服务需求，达成更有价值的交易，建立起更为稳固的相互信任关系。因此，谈判者掌握的变量因素越多，其成功的概率也就越大。

自然，在谈判中，为了谈判成功，谈判双方都必须适度做出让步，以避免谈判出现僵局或一拍两散。在谈判前，谈判者必须在充分估计将会面临各种情况的同时，认真测算和把握自己在谈判中可以让步的最低价码，明确自己谈判的底线。衡量银行谈判最低价码的标准是：维护和保障银行的基本利益不受到损害；银行从交易中获得的收益高于其需支出的成本；符合人民银行、银行业监督委员会等监管部门的政策要求，有效规避政策风险；符合同业竞争要求。

第二，私人银行要尽可能多地依靠倾听来收集客户谈判信息，建立信息完备与信息对称机制，将客户思维引导和调整到自己的思路上来。

尽管在谈判中，客户在性格、心态等方面千差万别，相应地，客户的谈判策略也是形形色色，例如：大众客户喜欢在产品和服务价格上与银行讨价还价，而高价值客户则喜欢在服务的尊贵程度、便利性及服务人员的服务能力方面与银行反复磋商。需要引起银行谈判代表关注的一个重要问题则是，要尽可能多地依靠倾听收集客户谈判信息，与客户建立起信息完备和信息对称机制，将客户思维引导和调整到自己的思路上来。因为客户一旦陷入一种定式思维中，银行谈判代表则很难让他（她）动摇，其结果只会使银行谈判代表丧失谈判的主动权。

为了将客户思维引导和调整到自己的思路上来，银行谈判代表面对客户提出的重要问题，所采取的态度既不应是反驳，也不应是辩解，最好的办法则是用心倾听。因为倾听不仅有助于银行谈判代表全面了解和分析客户所关注的真实问题（比如产品功能、营销便利、增值能力、服务品质、价格水平等），权衡和驾驭谈判的每一个细节，掌握谈判的主动权，而且有利于银行的谈判代表利用换位思考方法与金融专业知识，从理解客户和关注需求入手，不失时机地获得客户的信任，一步一步地将客户思维引导和调整到自己的思维中来。更为重要的是，这样做有利于缓和矛盾、化解冲突。但如果面对客户所关心的问题，银行的谈判代表只是一味地反驳或辩解，不仅会使客户感到银行谈判代表缺乏诚意和居高临下，而且会使客户感到银行代表在有意挑衅。于是，性情温和的客户将会采取保护自己的本能反应，使谈判不欢而散或不了了之；而生性好斗的客户则会奋力反击，相应地使谈判陷入僵局。无疑，在这里，倾听是一种策略。它既不表示屈服，也不表示忍让和妥协，而是暂时回避、躲闪、搪塞，是一种以退为守、以守为攻的谈判策略；是为了不激化矛盾和分歧，给谈判双方留下合作的空间与机会。倾听也是为了更好地交流与沟通，为了将客户关注的问题由交易引向关系打造与维护，使客户的谈判态度由信任危机演变为互信互利。

第三，私人银行要根据客户性格特征、专业知识及其行为偏好，适时选择和调整谈判方法，时刻关注客户需要讨论的问题。

谈判是现代企业制度中为数不多的抵制标准化操作和精简作业的职能之一。这不仅是因为每一项谈判都是一个独立的事件，谈判的结果在很大程度上依赖于谈判者的判断、时机的选择以及个人经验，而且是因为谈判的对象是性格迥异、行为偏好千差万别、专业知识参差不齐、谈判目标形形色色的个体。因此，在与客户的谈判中，银行的谈判者必须按照个性化体验原则，适时选择和调整谈判方法，切忌“以不变应万变”，否则只会减少交易机会和损害银行与客户未来合作的可能。

首先，银行的谈判者必须全面而又准确地了解客户的金融专业知识水平、对金融产品与服务的认知程度、客户潜在的金融服务需求，以及客户的行为偏好是保守的、稳健的还是冒险的，并据此分析客户的风险承受能力，有的放矢地选择和确定与客户谈判的方法。对于保守型客户，谈判者应从关注客户利益角度为客户答疑解惑；对于冒险型客户，谈判者应从增强客户个性化体验角度来增进客户信任；对于善于保护自己的客户，谈判者应予以必要的情境关怀，切忌喋喋不休和一一反驳客户的观点，从而让客户在同理中淡化分歧、谋求合作；而对于生性好斗的客户，倾听、沉默、回避、躲闪和搪塞是明智的谈判者所选择的最有利的方法，它们既会让谈判者把握谈判的控制权，又可以让客户放低姿态从而关注和开展合作。

其次，银行的谈判者要时刻关注不同客户需要讨论的问题，使谈判由封闭转向开放。对于需求满足型客户而言，谈判的重点更多地应放在金融产品的功能完善与创新上，并通过耐心倾听收集和处理客户需求信息，分析产品与客户需求及同业的差距，适时总结谈判所取得的成果，以退为守将谈判引向深入；而对于关系营销型客户，谈判者则应将谈判重点放在服务品质、品牌价值及未来合作共赢等问题上，尽可能让客户少关注暂时的交易利益而多关注长期的合作关系。

最后，谈判者要适时地因势利导将谈判引向深入。在谈判中，谈判双方不知所措或客户因为没有取得进展而感到沮丧、焦虑的情况经常发生。这时，保持头脑清醒、思路清晰、态度平和是对谈判者的最基本要求。帮助客户控制情绪、转变态度的有效方法则是，谈判者将争论不休的问题暂时搁置，总结谈判业已取得的成果，让客户对谈判充满信心，然后再因势利导地将谈判引向深入。

第四，应将谈判问题层次化，按照“避重就轻、先易后难”的原则，将谈判不断引向深入。

一般而言，银行与客户间的谈判所涉及的问题不是单一的，而是集金融产品、价格、服务等相关因素于一体的。这无疑增加了谈判的难度。当手头有一大堆问题需要与客户商讨时，银行谈判代表首先需要处理的问题则是将谈判问题层次化，然后按照“避重就轻、先易后难”的原则，将谈判不断引向深入。自然，最后谈判的则是谈判者认为最为棘手、最缺乏共识与同理的问题，即便谈判双方都认为谈判是以最难的问题为开端而展开的，最终也会归结于此。

对于谈判者而言，避重就轻、先易后难开展谈判，具有重要的现实作用：一是有助于体现和反映谈判者的谈判诚意，让谈判双方保持融洽、和谐的合作关系，避免信任危机；二是在谈判中，客户总是希望在关键问题上最大化地维护自己的利益，且客户在关键问题上的谈判准备得最为充分，倘若你不予以让步，则极易激化分歧，使谈判陷于僵局，人为减少谈判双方合作的机会；三是先谈判简单而又必要的问题，可以增加谈判中的变量，使谈判双方扩大谈判的选择性，为最后谈判双方讨论关键性问题留有余地和空间；四是简单问题解决得越多越顺利，则越有利于谈判双方增进理解和保持良好的谈判情绪与心态，当谈判双方进入关键问题的讨论时，谈判协议对谈判双方更具吸引力。

第五，谈判的起点要高，但让步要慢。

既然谈判是没有硝烟的战场，那么谈判中利益纷争就不可避免地经常发生。作为银行的客户经理，假如你在谈判中不做出必要的让步，则会丧失交易机会，降低你的营销业绩；但若无原则或无条件地满足客户，你便是间接地在向客户传授敲诈勒索的技巧，这不仅会直接损害银行的利益，而且会让你错失为银行创造更大价值的机会。

当谈判者在谈判中面对上述悖论时，老练的谈判者既不会彷徨，也不会苦恼，而会针对客户提出的条件，以客户关注的关键问题为价码，从自己所能做出的让步方面开始，有计划、有步骤地慢慢做出让步。这样，既可以有效满足客户讨价还价的欲望，给客户以认同感，又可以相机而动、转守为攻，把握和控制谈判的主动权。谈判时切忌一步到位满足客户讨价还价的欲望，因为那样很容易让客户在谈判中占得先机并谋求更多利益。

有研究表明，高期望值可以带来理想的谈判结果，而低期望值恰好相反。因此，谈判者在做出让步时，起点要高但是让步要慢。谈判的过程，事实上是谈判双方进行价值比较、权衡与取舍的过程。倘若谈判双方共同认可谈判结果，则表明谈判双方的价值取舍趋于一致。由此，谈判中的任何让步都会使谈判双方产生不同的价值判断。因此，需要谈判者考虑的问题则是，要让客户感觉到你让步的诚意最大，但对银行并不会造成任何成本上升和利益损害。

因此，谈判者必须充分了解客户企求从谈判中获取回报的急切心情，不失时机地诱导客户提出谈判要求与条件，以便于全面把握客户的谈判信息与谈判目标，恰如其分地选择合适机会，称道客户的谈判技巧与策略，诱导客户放松警戒，让谈判双方彼此产生共鸣、共识和同理；然后，再从细节的退让入手，让客户产生一定的满足感，争取谈判的主动权。待客户的谈判价值发生变化后，在讨论和解决关键问题的纷争时，谈判者则可以从客户对同业产品与服务的认知程度入手，自主调节客户对产品、服务、价格等的选择空间，强调所营销产品与服务的特殊性，增加谈判变量，给客户以一定的心理压力，使得做出的让步带来更大的价值回报，掌握谈判的控制权，使客户的谈判思维朝着谈判者的既定方向演进。

第六，要学会放弃，切忌陷入客户预先设定的感情敲诈圈套中。

由于谈判中存在着诸如谈判目标、客户价值取向、谈判策略及客户心理与性格差别等诸多变数，谈判结果也是千变万化的，谈判者也无须要求每一次谈判都能成功。事实上，即使享誉全球的谈判高手，也很难成为谈判桌上的“常胜将军”。这就需要谈判者学会放弃。谈判者选择放弃的基本原则是：

- 当客户固守的谈判条件超过谈判者设定的最低价码时，应选择放弃，否则必然会损害银行的利益。
- 应加强谈判要约的财务成本核算。当谈判结果使交易行为无利可图时，应选择放弃。这里所说的谈判要约，不仅包括直接的优惠让利与经营管理成本，还包括某次过度让步所带来的对其他客户营销产生的不利影响，以致增加机会成本，比如客户因心理失衡出现的背离与流失、客户趋利心理增强而逼迫银行让利等。

- 当眼下过于急功近利达成的最利己交易有可能损害日后银行与客户的深化合作时，应选择放弃。
- 如果过于关注同客户的关系而使客户的要求越来越多，进而导致谈判结果损害到未来更大价值的合作关系建立时，应选择放弃。

与学会选择放弃相关联的另一个重要问题则是，谈判者切忌陷入客户预先设定的感情敲诈圈套中。为了获取更大的利益与回报，谈判中的客户经常会利用其感情因素（比如发泄不满与气愤、咄咄逼人或拒绝合作等）逼迫银行的谈判者（比如营销人员）做出让步或就范。这时，谈判者必须保持冷静和克制，并可采取下列方法，防止陷入客户预先设定的感情圈套中。

- 暂时回避。当谈判陷入僵局或谈判双方互不相让时，果断中止谈判，既给客户以调整情绪与策略的机会，又给日后的谈判留有余地，以避免谈判分歧升级为冲突。但果断中止的态度应当友好，应当表达希望合作的诚意，要充分体现对客户的理解与尊重，切忌恶语相向。
- 当客户情绪激动时，认真倾听不失为一种有效的方法。谈判者既不要点头赞同，又不可摇头反对，更不要一一反驳，而要与客户保持目光接触，时刻关注其言谈举止，待客户态度平和时，再给客户以建设性建议。

- 公开表达对客户情绪激动的不满和不接受，帮助客户分析预先设定感情圈套的恶果；委婉地告诉客户，情绪激动只会使谈判中的分歧升级，而无益于问题的解决；以坚强和自信的态度建议客户关注明确的、不夹带感情色彩的问题，依靠双方信任的增强与互利合作实现共同利益。
- 尽可能避开咄咄逼人、生性好斗的客户的攻击。即使是最顽固的客户，对你屡击不中，也自然会放下拳头。如果你能利用诙谐和幽默并始终面带微笑，让整个谈判过程富有趣味性，并且展示谈判的诚意，那么最难缠的客户也会回到谈判的正轨。因此，你所需要努力的则是让客户坚信好斗和攻击无益于问题的解决。只有共同致力于问题的解决，才是有利可图且卓有成效的谈判。

第三节　利用大数据技术精准定位客户

一、大数据帮助我们锁定目标客户

互联网+时代，大数据的应用日益广泛而重要，对于私人银行而言，大数据可以帮助我们有效地找到目标客户。那么，如何借助大数据来精准定位客户呢？我们在产品和服务的设计阶段，就要开始初步界定客户——通过列出产品和服务的特性、适合人群来进行用户画像，明确目标客户群。当然，这还不够精准，我们还需要进一步缩小客户范围。我们需在大量数据中寻找潜在规律，根据客户交易信息、持有产品、管理资产变化轨迹等行为数据，分类挖掘、找出关联规则，将客户进一步细分，制定有针对性的营销策略，让产品推荐更加精准化、个性化。

通常，私人银行会关注客户经营周期中的五个阶段（潜客提升、私行新客、稳定经营、流失预警、降级赢回），我们需根据私人银行客户的职业特征（一代创富者、二代继承者、高薪收入者、家族财富管理者）和私人银行客户人生阶段（婚前单身期、家庭形成期、家庭成长期、家庭成熟期、家庭衰老期），再结合私人银行客户AUM分层，创造与该客户的营销场景，最终开启私人银行客户的经营流程。同时，总行可从行内数据库里根据特定模型、客户事件筛选出相应的名单，要求私人银行客户经理进行特别跟进，从而准确触达和锁定目标客户并进行精准的产品和服务推荐。总行通过这样的精准营销，可以有效推动私人银行客户数量和管理资产的提升。

二、全权委托业务的大数据分析

全权委托资产管理业务是指投资管理人面向可投资金融资产1 000万元（含）以上的单个签约达标私人银行客户，接受其财产委托，按照约定，专门设立理财产品或将其作为第三方计划（比如家族信托计划）的投资顾问，提供一对一、交互式资产管理服务。以全权委托业务精准营销为例，我们从客户画像、精准定位潜在客户等方面来进行阐述。

（一）客户画像

从区域分布来看，以北、上、广为代表的一线城市为客户分布较集中区域，其中，北京和上海的客户数量位居全国第一、二位。2020年，部分经济发达的重点城市也逐渐赶上步伐，比如杭州、武汉等。全权委托客户是高净值客户中的典型代表，这种分布模式也是同地区经济发展相契合的。

从客户整体持有产品委托规模来看，单只产品委托规模在4 000万元（含）以上的客户占比偏高，这也验证了全权委托业务的客户群定位，即主要面向超高净值客户。

从客户金融产品购买行为来看，全权委托客户有以下两个特点。（1）投资配置相对均衡。全权委托客户平均持有产品个数较普通客户明显偏高，平均持有7个以上重点产品。（2）投资风险偏好较普通私人银行客户略高。从购买风险等级PR4及以上、购买过代销产品维度来看，购买过全权委托产品的客户对这两类风险等级的产品持有数明显高于平均客户水平。以上两个特点也反映出，认可全权委托产品的客户往往具有较为专业的投资经历和投资水平，其风险承受能力较普通私人银行客户略高。

从行业分布来看，企业主是全权委托客户中的一类重要群体：第一，企业类型多集中在采矿业、农林牧副渔业、科学研究和技术服务业；第二，许多企业深耕市场20年以上，注册资金1 000万元以上，且多数存在银行贷款尚未结清。企业主客户群的深度挖掘，有利于实现产品的交叉销售和客户需求的深度挖掘，提高全权委托客户的业务贡献度。

（二）精准定位潜在客户

通过对客户精准营销及画像，私人银行还可以通过整合存量客户的共同、集中的特征，帮助一线寻找类似的客户，提升获客的精准性。结合业务实践及精准营销成果，我们将全权委托潜在客户划归成以下七类：

- 对于认可银行品牌与资产管理能力的客户，从全权委托管理团队和投资模式切入。
- 对于有资金实力、在打理财富过程中厌烦了反复购买、分散管理的客户，从全权委托服务模式入手。
- 对于了解净值型产品、认同运用大类资产配置平滑风险的客户，从产品投资策略入手。
- 对于大部分时间生活在国外却将资金用于国内理财的客户，从方便灵活购买和维护渠道入手。
- 对于有长期限大额定制需求的客户，突出强调产品的灵活性。
- 对于在他行接触过全权委托业务的客户，通过同业对比来突出本行产品优势。
- 对于现阶段以投资增值为核心需求的客户，结合业务模式和定制化的理财属性，提升客户尊崇感。

三、家族信托业务的大数据分析

家族信托是指信托公司接受单一个人或者家庭的委托，以家庭财富的保护、传承和管理为主要信托目的，提供财产规划、风险隔离、资产配置、子女教育、家族治理、公益（慈善）事业等定制化事务管理和金融服务的信托业务。

（一）客户画像

家族信托目前的主要业务场景包括财富传承、资产隔离及资产管理三种。

（1）在财富传承应用场景下，客户主要为中年以上群体，出国金融业务参与度高，对投资收益不敏感。该类客户的主要痛点包括：

- 担心子女管理财产的能力，害怕财产被挥霍，富不过三代；
- 多次婚姻，家庭关系复杂，担心家庭内乱；
- 子女较多或子女不肯接班，家族企业传承可能发生内乱；
- 父或母和子女年龄差距较大，担心孩子未来的照顾和事业发展；
- 关心孙辈的成长与幸福生活。

（2）在资产隔离应用场景下，客户多为民营企业的实际控制人或企业高管、职业投资人，出国金融业务参与度高，对资产投资有一定的要求，对收益敏感。该类客户的主要痛点包括：

- 希望保持特定的财产隐私，担心财富带来隐患；
- 担心企业资金链紧张，需要为企业的融资提供无限连带责任担保；
- 担心子女的婚姻风险；
- 找别人代持资产，同时担心代持风险。

（3）在资产管理应用场景下，客户信用卡业务覆盖率高，其理财投资类产品以安全稳健资产为主，客户有一定的财富保值与增值需求。客户的主要需求包括：

- 没有精力与时间直接打理自身的资产投资，但希望获得较高的投资收益；
- 担心子女管理财产的能力。

对于家族信托客户来说，以上三种场景的应用不是割裂的，往往呈现出以上两种或三种的结合。除此之外，家族信托业务客户的关注点还包括对税负的考量以及对公益慈善事业的关注，主要包括：

- 关注中国未来可能开征的遗产税、赠予税等，希望能未雨绸缪，保护家族财富不被税负侵蚀；
- 担心家族移民过程中的高额税负；
- 热心公益但公务繁忙。

（二）精准定位潜在客户

通过分析家族信托客户的主要特征与诉求，我们可以整合这些共同、集中的特征，帮助一线寻找类似的客户，提升其获客的精准性。家族信托潜在客户分类在前文中已有阐述，此处不再赘述。

第四节　从被动满足到主动创造客户需求的理论支柱以及案例分享

销售人员经常会遇到以下情况：客户没有需求，不好开发；自己的产品不好卖，竞争对手的价格比自己的低；有些业务员不停地向客户推销产品，最后把客户弄烦了，甚至挨骂；业务员以为这个产品对客户很有用，应该能满足对方的需求，但实际上并不是客户真正想要的。

营销分成两种境界。第一种境界是“发现需求，满足需求”，即发现客户的需求。这个很重要，如果你都不知道客户想要什么，那么你提供的商品或服务就是无的放矢。然而客户要什么，不是你觉得他该要什么，而是他背后的隐秘需求，这些需求可能连他自己都没有觉察到。当你找到客户深层次需求的时候，客户是很容易买单的，甚至你卖给他的是什么产品都不重要了。第二种境界是“创造需求，满足需求”，也就是客户目前没有需求，但是你能通过营销让他产生需求。不是客户需要什么，你就卖他什么，而是你有什么，就让他需要什么。

客户的需求不止一个，有显性的，也有隐性的，有些需求甚至客户自己都没有觉察到。当你把客户的隐性需求挖出来的时候，销售就水到渠成了。

老李常年喝10块钱一两的茶叶。最近楼下新开了一家茶店，每次老李去买茶叶，老板都送他半两好茶，老李将好茶攒着待客。闲来无事，老李便会泡上一壶好茶慢慢品尝，一来二去竟喝上瘾了。喝完免费好茶，老李再也不愿喝10块钱一两的茶叶了。再去茶店，老李就开始买这种好茶，然而不管他买多贵的茶叶，老板总要送他一点更好的。于是半年下来，老李花在茶叶上的钱竟是原来的十几倍！

这个故事中的茶店老板就是创造需求的营销高手，从而让他的客户老李多花了十几倍的价钱。所以，做销售的人员不要掉到客户的框架里，那样就会很被动，而要学会把客户带进自己的框架，客户没有需求也要为其创造需求。

在如今竞争激烈的市场环境下，我们必须改变传统的被动地适应需求的营销策略，转向主动创造需求的策略上来，引导和激发客户自身尚未意识到的潜在需求。服务高净值客户私人银行业务，其市场性质已由卖方市场转向买方市场，客户需求的多样性、易变性、主观性和不确定性越来越多，市场信息的不对称性以及高报价产品越来越稀缺。所有这一切说明了“满足需求”理论在实践中将面临困境——以满足需求为导向，按客户的需求来设计综合方案和安排产品销售，将使一线私人银行客户经理疲于奔命，难以适应市场需求的不断变化。因此，在激烈的市场竞争中，要想获得长久发展，获取长期的竞争优势，我们必须奉行“创造需求”的理念。

并不是所有客户都适合进行需求创造，客户经理应当遵循一定的标准来挑选目标客户——具有潜在资金实力的客户，具有对资金的决策权，具有明显或潜在需求的客户，专注符合特征的目标客户进行需求创造以及深度营销服务。

营销服务本质上是一种谈判，而创造需求、满足需求是为了在谈判中取得有利地位。银行的产品和服务体系具有高度标准化，基本不具备调整的空间。在谈判过程中，客户经理需要着重考虑客户需求，如果能够为客户发现需求、创造需求，就能够为客户创造价值。另外，只有与客户实现“双赢”，私人银行才能成功地与客户达成交易并形成长久的客户关系。因此，谈判对象的选择非常重要，只有能够达成双赢的客户，才是私人银行进行需求创造的目标客户。

在尚未系统研究客户心理及与之相关的行为动机之前，人们普遍认为便利性是客户选择银行的主要标准。但诸多有关客户需求分析的模型和研究显示，银行客户对服务的期望包含敏感性、保障性、情感投入、可靠性和硬件设施五个方面。这就需要我们首先从与需求创造相关的若干理论出发进行深入探究。

一、需求层次与行为动机理论

美国著名心理学家马斯洛于1954年创建的马斯洛需求层次分析，也是我们分析银行客户需求的最重要、最基础的理论指导。马斯洛绘制了需求层次的分类图表，并提出“人是一种永不满足的、有缺陷的动物，其需求取决于其现在拥有的财富量”。人的需求是按需求层次的重要性进行排列的，当一种需求被满足时，马上又会产生一种新的需求，未被满足的需求会影响人们的行为。只要人们的低层次需求得到满足，就会出现高层次的需求，包括生理需求、安全需求、情感需求、尊重需求和自我实现需求。其中，前两个需求是人类生存的基本需求，后三个需求是满足人们发展需要的高层次需求。

结合现实分析，虽然人们的需求不会像马斯洛描述的那样规范，但其规律是基本一致的，即需求满足顺序是由低到高逐步进行的。这就为我们将客户需求分析与行为动机进行结合提供了思路。我们基本上可以发现：

- 虽然人们的动机产生于需求，行动又决定于动机，但是人们需求的满足程度只能是部分的，同一个人在不同时期和不同环境下有不同的需求。
- 人的需求满足程度既取决于需求的合理性与可行性，又取决于其现实所拥有财富的多少。追求财富增长是人类进步和社会发展的永恒主题。
- 随着人类进步、社会发展与科技水平的不断提高，需求不仅更加个性化、理性化，且层次不断提高，人们选择的机会也越来越少。
- 与需求多样化相适应，行为动机也有积极和消极之分。积极的动机在于努力获得快乐，消极的行为只为避免痛苦，而避免痛苦是多数金融服务存在的理由。所以在银行客户需求分析中，很重要的一个话题是如何帮助客户规避痛苦。

按照需求层次理论，涉及人类生存的、基础的低层次需求产生于那些更高的、与人类生存不直接相关但与人们生活品质提高密切相关的需求之前。从金融服务的角度来看，首先，客户期望银行满足其资金的安全与流动性需求；其次，客户需要的是价格低廉、产品功能完善和高效便利的服务，比如资金的增值能力、灵活多样的购买渠道、产品个性化、服务差异化、彰显尊贵。通过将马斯洛需求分析与金融消费者购买动机相结合，我们能更好地进行产品与服务设计。

总体而言，利用动机对客户需求的调节，应当通过银行的介入来实现。介入指的是一个对象或行为与个人的相关程度。客户需求越强烈，他们介入需求满足的潜在资源就越多。私人银行的介入增强了客户增值需求的动机强度，促使客户为获取更大利益而努力与心仪的银行建立合作关系。因此，选择介入时机、介入客户潜在需求并增强客户的需求动机强度，有助于私人银行成功管理和营销客户关系。

二、个性、偏好与行为特征理论

个性、偏好与行为特征理论从人的个性、偏好与行为特征出发，强调个性对人的行为的影响。所谓个性，是一个人特有的心理特征，它将引发一个人对其所处环境相对一致的、持续不断的反应。瑞士著名心理学家荣格将人格分为内倾和外倾，将人的心灵划分为主观意识、个人无意识和集体无意识，用直觉型、思想型、内在感应型、外在感应型四种基本类型来概述人的不同时期。了解不同类型人的典型行为、办公环境和衣着特点，能够更直观地引导我们了解我们的客户。

美国斯坦福咨询研究所利用心理图案分析框架，从价值观念和组织架构方面将美国成年人的生活方式划分为以下八种类型。

现实者：成功的、复杂的、积极的、“能挣会花”的人，拥有较多的资源和较强烈的自尊，购买决策积极、老练，注重自己的形象与文化素养。

满足者：成熟的、满意的、舒适的和深思熟虑的人，精于实践，偏好购买耐用、功能性强且具有价值的产品与服务。

有信仰者：保守的、遵从习俗和传统的人，虽然也以原则为导向，但与满足者相比资源较少，其信念建立于宗教、社会、家庭和国家之上，偏好购买熟悉的产品和已知的品牌。

成就者：成功的、职业的和工作导向的人，喜欢控制、预测自己的生活，不喜欢冒险和自我发现，按部就班地工作和生活，偏好确定的、有影响力的产品与品牌，以显示其成功与高贵。

斗争者：不确定的、不安全的和寻求一致目标的、受资源限制的人，在乎其他人的认可并寻求自我、安全和成功的形象。

经验者：年轻的、有活力的和具有反叛意识的群体，喜欢冒险的、变化的、新异的生活方式，追求生活的乐趣与物质享受。

生产者：实践的、自我满足的、传统的、家庭导向的人，注重自足且不爱负债，偏好实用和功能性的产品。

挣扎者：年老的、退休的、消极和受资源限制的人群，贫穷且缺乏良好的教育，时常与各类社会问题联系在一起。

每个人的性格特征决定了其行为特征，上述分类将使我们更清晰地了解客户特点并采取有针对性的服务方案。

三、生命周期理论

生命周期理论是我们分析客户的又一重要理论，目前国内流行的是将家庭生命周期分为五个阶段：婚前单身期，其特点是有稳定的收入水平，没有家庭的经济负担，可以将更多的资产用于消费和投资；家庭形成期，其特点是收入以双薪为主，支出较高，可积累的资产有限，随时承受较高的资产风险，强制性储蓄或高额贷款倾向明显；家庭成长期，基本特征是收入稳定增长，支出相对稳定且以子女教育费用和医疗保健费用为主，财务状况日趋好转，结余稳定增加；家庭成熟期，其特点是不仅财务状况良好，可积累的资产达到顶峰，且投资理财产品与服务需求旺盛；家庭衰老期，其特点是收入锐减且以养老金为主要来源，日常生活支出减少，医疗费用明显增加。该理论基本体现了标准化的家庭在不同历史阶段对金融产品的需求。结合不同时期家庭的财务状况，针对客户对家庭财务收支平衡的孜孜追求，我们便能对不同客户的核心金融需求一目了然。我们只需要通过KYC了解到客户的家庭所处时期，便可以有针对性地提供相关服务。

四、从需求分析到需求创造的典型案例

在客户基本需求的了解上，要实现私人银行客户的深入经营，达到创造需求的境界，要经过创造需求的五个阶段：需求分析、需求满足、需求挖掘、需求引领、需求创造（见图4–1）。这五个阶段是往复循环的过程，分析、挖掘、引领、创造出需求后，需要回到满足需求阶段，依次进入下一阶段。客户需求挖掘的目的是要将客户的所有资产都转移到私人银行，而更高层次的需求创造的目的是提高客户的黏性。下面以

一个案例来具体说明需求创造的五个阶段。

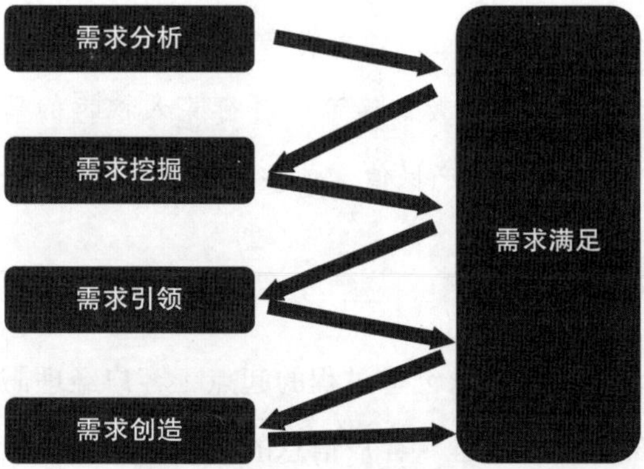

图4-1　创造需求的五个阶段

（一）需求分析阶段

2017年，某私人银行的分行贵宾客户经理负责维护一名由支行零售分管行长介绍的私人银行客户，该客户管理资产超过9亿元，占该分行全部私人银行客户资产的26.4%，占全行私人银行客户资产的9.4%。在每次产品到期、分行组织客户活动等接触事件触发时，客户经理都会找到机会了解信息，逐渐画出客户全貌：55岁，江西人，子女人数超过5人，是多家公司的法人代表或实际控制人，主营市政工程，资金来源合规合法。通过CRM系统的流水信息，客户经理观察到客户与招商银行、广发银行、中国银行、当地城商行等同业机构等保持着紧密的业务联系，在他行有大量资金，预计总额超过20亿元。同时，在CRM系统里，客户经理看到客户只买预期收益型理财产品，投资风格保守。

根据已有信息，客户经理大概梳理出了客户的需求特征：以资产保值增值需求为核心，辅以资产管理、公司经营、公私资产分离、资产传承、子女教育等可以进行深入挖掘的需求。据此，客户经理打算在满足资产保值增值核心需求的基础上开展其他领域的深入经营。

点评：需求分析是需求创造过程的起点，客户经理需要事无巨细地进行客户信息的收集和整理。客户信息的收集包括但不限于与客户接触时了解的信息、客户的微信等社交平台发布的信息、CRM系统反映的交易信息与产品信息等。尽可能全的信息收集是进行准确需求分析的前提。由于每一次营销失败都或多或少地会降低银行的信任度，因此只有抓住每一次与客户沟通的机会收集信息，提高需求分析的准确度，才能提高营销成功率，才能有机会做深、做透客户。

（二）需求满足阶段

每年年初，客户对各行资金进行整理，综合考虑各行产品风险、收益、服务情况，对其资产进行重新分配。客户经理与其经过几次会谈后得知，Z银行给客户提供了高收益的大额存单并用于客户营销。由于该客户对分行业务的贡献度较高，分行维护压力巨大，故向总行申请高收益产品额度。总行在衡量客户的贡献和忠诚度后给予了5 000万元额度，但同时挤占了分行其他客户的高收益产品额度，也影响了其他分行的客户资源配置。

点评：需求满足在需求创造过程中占有重要地位，需求的分析、挖掘、引领、创造都需要回归满足需求这一环节，因此，客户经理必须发挥创造性和合理调用行内资源努力满足客户需求。然而，沉迷于满足客户需求容易陷入客户思维，甚至倒逼客户经理帮助客户在全市场搜寻高收益产品。这样的打法不是销售思维，同样也不是客户经营的思维。即使在满足客户需求阶段，客户经理也要具有谈判思维，让客户的需求有所满足，同时对其有所引导。

（三）需求挖掘阶段

三个月后，客户的高收益产品即将陆续到期，总行无法再在该客户身上分配其他高收益产品额度。通过与客户长期接触，客户经理发现该客户对其名下资金并没有完全的决定权，客户的部分资金是其企业众多股东委托客户进行管理的，客户个人可以接受某私人银行的品牌和产品报价，但其他股东对某私人银行品牌并不完全认可。因此，客户经理通过该客户进入客户企业并召开理财资金路演说明会。在会议上，客户经理通过帮助企业股东综合计算各行产品收益，梳理各行特色业务，一方面挖掘、满足了客户的深度需求，另一方面加深了客户关系。

点评：需求挖掘要察觉客户没有表露的深度需求，这就要求私人银行客户经理对客户金融、非金融信息有较全面的了解，包括客户对资产的决策权、客户的非金融事务性需求。银行的传统业务是金融产品、金融解决方案的提供，本案例中的客户经理跳出客户对金融投融资方面的常规需求，察觉到客户及客户背后股东们的潜在需求，对其提供了相应的帮助，提升了客户信任度，实现了客户的行外资产挖掘。

（四）需求引领阶段

2018年，随着资管新规的落地，预期收益型产品面临净值化转型。随着预期收益型系列产品不断到期退出，该客户的产品承接逐渐面临新的问题。客户经理提前在资管新规过渡期与客户进行沟通解释工作。在沟通中，客户经理发现客户并不是不认可净值型产品，而是不认可具有高波动性的产品。客户经理结合产品投资逻辑及历史净值表现，不仅说服客户用摊余成本法对净值型系列产品进行承接，还说服客户完成了月开系列市值计价净值型产品的尝试购买。

点评：需求挖掘之后，更深层次的是需求引领，客户经理要化被动为主动，带领客户体验和购买更复杂的产品、权益，并通过售后的持续跟踪和服务实现客户需求的转化。需求引领可以循序渐进地开展，客户经理可以先让客户配置小笔资金进行尝试，定期对客户资产运作情况进行检视及报告。一方面，需求的转化可以提高中间业务收入；另一方面，通过向目标客户推荐适销产品，可以提高客户的黏性。

（五）需求创造阶段

点评：与客户的关系上升到一定程度后，客户经理应当基于对客户的了解，抓住客户行为背后的深层次原因和痛点，从而达到创造需求层次的目的（见图4-2）。在方法上，需求的创造既可以用快乐假设法，也可以用痛苦回避法，关键是要全面掌握客户信息、考虑客户核心价值取向、把握信任程度并择时出击。价值创造源于需求的创造，只有帮客户创造需求并且满足需求，才能为客户创造价值，才能与客户实现双赢，才能与客户建立起最密切的业务关系及个人关系。

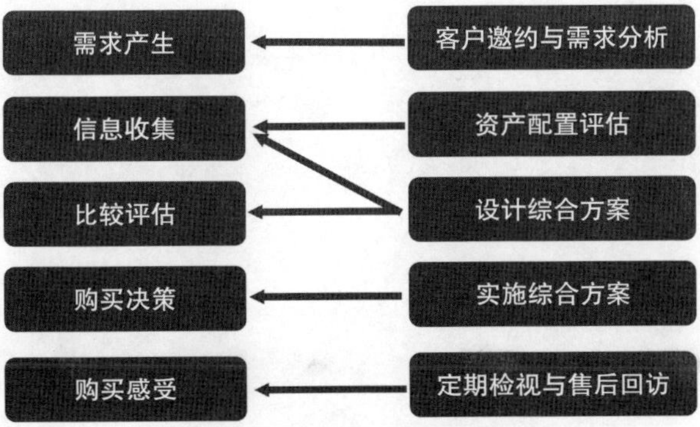

图4-2　创造需求层次

第五章

客户营销服务六步法

为了更好地满足私人银行客户对私人银行的期望，实现从“销售产品”向“经营客户”的逐步转型，私人银行需要建立统一的、标准化的客户经营方法和流程，以客户需求为驱动，通过“1+1+N”的团队服务模式，实现私人银行客户的精细化经营。中信银行私人银行部借鉴国内外私人银行客户经营方法和流程的领先实践，结合实际业务情况，设计了私人银行客户的营销服务流程，将私人银行客户的经营活动划分为六个步骤，在每个步骤明确一系列的关键任务，提供执行关键任务所需要的工具和模板。私人银行客户经营团队可通过关键任务的执行来实现基于私人银行客户需求的精细化经营。

第一节　全面了解你的客户

一、KYC的原则与技巧

（一）KYC目的

私人银行开展KYC的目的在于：全面了解私人银行客户个人与家

庭的基本信息、收入和资产情况、投资偏好和投资经历、感兴趣的私人银行产品服务等相关信息，不断挖掘私人银行客户在投资理财、子女教育、退休计划、家庭保障、资产传承等方面的核心需求，通过深入了解客户，基于客户需求为其提供解决方案（推荐适合的产品和服务），真正做到“客户需求驱动”。

（二）KYC的原则

KYC的原则是：清晰、完整地了解客户需求，并且在一定程度上和客户达成共识，进一步确认客户的真实想法（见表5-1）。只有在有效的KYC的基础上，私人银行才能进一步挖掘、创造客户深层次的需求。

表5-1　KYC的原则

KYC的原则	具体内容
需求了解要清晰	清晰指的是获得客户真正的客观需求，要全面了解客户需求的来龙去脉和前因后果，即了解客户需求的背景、重要程度。这将有助于私人银行客户经理有针对性地判断客户的核心需求
需求了解要完整	完整指的是既要了解客户所有的需求，又要了解客户需求的优先次序，综合分析客户想要、需要、马上要解决的问题。这样才真正有助于把产品特点和客户需要密切地结合在一起
与客户达成共识	与客户达成共识是指，要与客户在整个销售和购买的过程中达成相同的认知。与客户达成共识的最好方法就是，使用与客户身份相符的语言风格为客户服务

（三）关键要点

开展KYC的关键要点具有如表5-2所示的五个方面。

表5-2　开展KYC的关键要点

序号	关键要点	任务说明
1	完成KYC信息表	基于“私人银行KYC信息表”完成11类私人银行客户信息的收集，并定期进行更新
2	挖掘 客户核心需求	基于“私人银行KYC核心需求评估表”完成七大核心需求的识别和记录，并定期进行更新
3	完成 客户风险测评	定期提醒并协助客户完成客户风险测评
4	个人税收居民身份声明	根据个人税收居民身份信息管理要求，协助客户完成CRS（统一报告标准）申报工作
5	其他合规要求	根据反洗钱、合格投资者等合规管理要求开展相关工作

（四）信息收集技巧

1. 面谈提纲

在与客户面谈之前，私人银行客户经理需通过电话与其联系，并且运用短信、微信、邮件等辅助方式与其进行初步沟通，抓住机遇了解客户需求，并通过特色产品和服务激发客户合作的兴趣，创造面谈的机会。

为私人银行客户提供顾问式服务的基石是倾听客户需求、收集与分析客户资料。私人银行客户经理应根据与客户的深入交流，了解客户的理财需求和理财目标，了解客户的风险偏好。因此，私人银行客户经理需要在见面之前确定每次会谈的要点和拟获取的信息，从而形成面谈提纲（见图5-1）。

面谈前准备	获取关键信息	会谈要点	了解和创造客户需求
▪ 收集足够的客户信息：财务状况、家庭状况、事业状况、个性、兴趣爱好 ▪ 对客户要有预判：什么类型的客户？处于生命周期的什么阶段？ ▪ 会谈规则：会谈顺序、重点内容、注意细节	▪ 职业或企业背景 ▪ 家庭状况 ▪ 投资经历 ▪ 金融资产总量和分布	▪ 专业形象 ▪ 亲和力、非进攻型 ▪ 多问开放式问题 ▪ 适时的理念引导、信息传导：学会埋下伏笔 ▪ 因人而异：针对不同个性、特点采用不同打法	▪ 不只是了解，还要挖掘和引领 ▪ 设身处地、换位思考，理解客户心态 ▪ 探寻客户表达之外的需求，懂得创造需求

图5-1 面谈提纲

2. KYC的基本功

私人银行客户经理应当结合其所在分行的地域特征，关注当地私人银行客户的兴趣点，关注地区热点话题，不断思考、锻炼KYC的基本功：

- 能随时在脑海里呈现出较为全面的KYC信息内容清单
- 知道和客户聊什么，而且可以让聊天变得有意义。
- 能抓住客户透露的任何信息，能听懂客户背后隐藏的信息。
- 懂得怎样倾听，能判断哪些是真实有用的信息。
- 可以通过每个获取到的信息快速判断出客户的习惯和潜在的需求点。

3. KYC的切入点

①从话题维度出发的切入点。与客户进行沟通，私人银行客户经理需要提前设计KYC的内容。通常，私人银行客户经理可以围绕如图5-2所示的六个方向的话题进行切入。

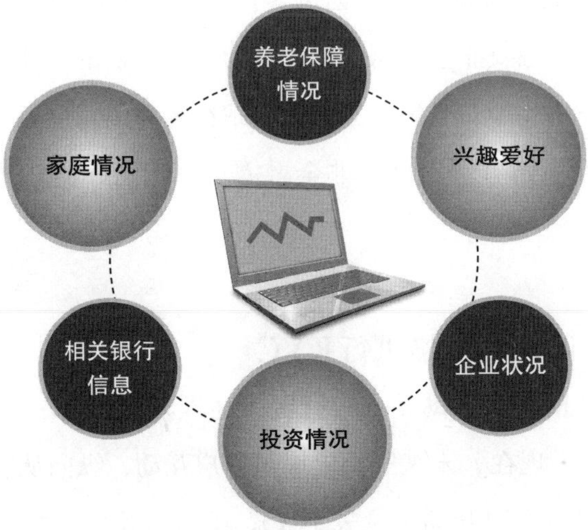

图5-2　KYC的六个方向的切入点

②从客户维度出发的切入点。要深入了解客户，我们首先要通过KYC收集客户的基本信息，比如资产状况、财富来源、个人品行、企业经营能力及潜在风险等；其次要了解客户的需求。通常，对于客户的真实需求，我们无法通过直接询问来获得，但是我们可以从以下三个方面来入手。

- 从客户的麻烦和困扰入手。客户的需求主要是为了实现“远离痛苦”和“实现快乐”两大类目标，而从客户麻烦、困扰入手往往是最佳选择。因为大部分客户一般不太能明确地说清自己的需求，但基本都能说清自己所担心的问题。
- 了解客户拒绝的原因。一般来说，客户拒绝向其推荐的产品时所陈述理由的可信度相对较高，这些信息相对来说更能反映客户的真实想法。因此，通过了解客户拒绝产品的原因，就可以让我们分析客户潜在的真实需求，帮助我们识别出客户真正的痛点。

- 了解客户的非金融需求。创造客户需求的前提是，我们要全面了解客户的金融及非金融需求。我们为客户提供的并非只有产品，还包括服务体验等非金融服务。只有站在客户的角度思考，通过深入KYC全面了解客户金融、非金融需求，我们才能在营销过程中切中客户痛点。

4. 利用话题九宫格进行KYC

话题九宫格可以协助私人银行客户经理开展KYC：横向从私人银行客户的过去、现在、未来三大模块与客户互动，纵向从客户个人、事业、家庭情况与客户互动（见表5–3）。运用话题九宫格技巧会使得谈话更有思路，使谈话的话题横向或纵向延伸，从而获取客户的全面信息。在互动中，私人银行客户经理要注意对客户提到的重要信息进行记录，以便后期进行客户需求的深入分析。

表5–3　利用话题九宫格开展KYC

话题九宫格	过去	现在	未来
个人	合作银行 投资经验 投资偏好	婚姻状况 收入来源 风险偏好 资产负债情况 支出情况 合作银行	财务目标 投资计划 投资收益预期 流动性需求 精神追求（慈善、公益）
事业	工作经历 财富积累过程 公司发展沿革	当前职务 行业及业务模式 公司经营情况 股权情况及分红策略 银企业务情况	职业生涯规划 公司未来经营发展方向 公司投融资业务需求 首次公开募股或退出计划 企业传承计划

（续表）

话题九宫格	过去	现在	未来
家庭	财富来源 家族历史	家庭关系状况 家庭保障安排 子女教育 父母赡养安排	家庭变动计划（移民、迁居） 家族财富传承 家庭保障计划

（五）设计问题开展深度KYC

开展KYC的重点是倾听客户的想法，因此私人银行客户经理需要通过提问引导客户发言。综合使用开放式问题与封闭式问题有技巧地进行提问，可以在有限的交流时间内围绕客户的核心需求进行有效沟通（见图5-3）。用“为什么、怎么样、什么”等开放式问题来询问，可以充分提供给客户较大的回答空间。但是，开放式提问所带来的开放性有可能使得话题偏离客户需求，因此需要封闭式问题的引导，得到明确和具体的答案。因此，这两种提问方法应根据实际需要而灵活地交叉使用，这样才能充分发挥提问的效果。

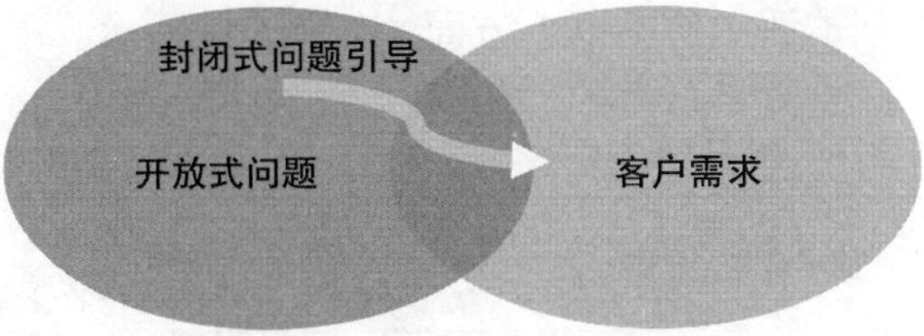

图5-3　通过提问引导客户需求

综合使用开放式问题与封闭式问题的四个步骤如下：

- 确定现状。在与客户交谈的开始，私人银行客户经理应先使用封闭式问题以有效地确认客户的现状，从中找出共识。因为只需要客户简单的回答，会使客户逐渐放松心态。

- 了解期望。在了解客户现状的基础上使用开放式问题，客户经理可以全面地了解客户期望达到的目标。将客户的现状与客户期望达到的目标相比较，客户经理就可以从中找出客户需求。
- 重点探讨。客户经理继续使用开放式问题，针对客户需求范围内的重点问题进行探讨。
- 明确需求。利用封闭式问题再次确认客户需求，将客户需求加以明确。

（六）开展KYC的基本话术

客户经理应当掌握一些基本话术，并经常进行演练，达到随时可以说出口的水平，而贵宾客户经理则应当经常总结适合自己、适合自己客户群的话术。

1. 私人银行KYC的基本话术

针对客户基本情况、目前投资情况、可用于投资的资金等维度，私人银行KYC的基本话术包括以下方面，如表5-4所示。

表5-4　私人银行客户信息收集基本话术

客户基本情况	基本资料	您在哪儿高就呀？
		看您的气质，应该是公司的管理者吧？
	婚姻情况	看您这么年轻，应该还没有结婚吧？
		看您年轻有为，家庭应该也很美满，太太也在上班吧？
	子女情况	您的小孩多大了，学校安排好了吗，学习成绩如何？
	兴趣爱好	您的精神看上去真好，平时都做什么运动？您有什么兴趣爱好，可以分享一下吗？
		您的气质这么好，平时应该作息很规律，也很注意保养吧？您有什么秘诀吗？

（续表）

目前投资情况	投资经验	您平时都做哪些投资呢？
		您有购买过黄金、基金、保险、信托产品吗？
	往来银行	您之前一般会在哪个银行购买理财产品呢？
	投资年限	您是从哪年开始投资基金的？
		您这笔理财大概什么时候到期呢？
		您一般会购买几年期的理财产品？
	收益情况	您购买的这个产品收益情况如何？
		您觉得这个产品的收益符合您的预期吗？
可用于投资的资金	资金来源	您的主要收入来源有哪些？
		您目前打算投资的资金是多少？
	启动时间	您还有其他资金用于理财规划吗？
		您这笔钱大概什么时候可以到位呢？
	后续实力	您还有其他资金用于理财规划的吗？
目前整体资产配置	资产类别	您目前除了储蓄、理财，还有哪些方面的投资？
	合理化分析	在确保现金流充足的情况下，您完全可以拿出部分资金来配置一些 ××× 产品，您觉得呢？
对客户的风险评估分析	现金流量	您目前家庭的月收入大概是多少？
		您每个月的固定花销是多少？
未来期望目标	资金使用情况	您觉得收益率达到多少才会比较满意？
		您投资是为了短期收益，还是长期理财规划？
		您大概可以投多长时间？
		您一般会考虑按照什么样的频度来投资，年度、季度还是月度？
	后续跟进	您对本次投资的预期回报率是多少？
		您看接下来我间隔多久给您做一次产品收益或变动通知？
		您对什么类型的活动比较感兴趣？

（续表）

不同产品信息收集话术	理财产品	您之前有在我们行买过理财产品吗？
		能了解一下您之前在哪家银行买过理财产品吗？
		您之前一直在 ×× 行购买理财产品，是因为觉得它哪里做得比较好呢？
		您个人在购买理财产品的时候比较看重哪几点？
	贵金属	您之前有关注过黄金价格吗？
	保险	您之前是否有购买过保险？
		您买的是哪一款保险？分红险、意外险还是重疾险？
		您在购买保险的时候主要注重的是什么？
	资管计划	您平时炒股吗？
		您对大盘的行情怎么看？
		您关注过债券市场吗？
		您在选择一款私募基金的时候比较关注哪些方面？

2. 电访话术

电访一般采用三段式结构：第一段首先问候客户，然后问其是否方便接听，若客户不方便接听，则需要改期再联系；第二段根据事件场景、业务场景进行描述，尽量言简意赅，无须太多套话，以减少客户的时间占用；第三段进行产品营销或邀约客户来行。下面以重要节日、产品到期两个场景为例。

重要节日问候场景如下：

第一段

私人银行客户经理：×× 先生，您好！我是您在 ×× 银行的客户经理 ×××，您现在方便听电话吗？

客户：方便，你讲吧。

第二段

私人银行客户经理：是这样的，今天给您打电话是有两个事情要跟您沟通一下。第一件事情是，为了感谢您一直以来对 ×× 机构的信赖和对我工作的支持，我特意为您准备了一份礼品，您什么时候方便来领取礼品？

客户：这么好啊，谢谢你啊！

第三段

私人银行客户经理：第二件事情是，我行近期研发了一套客户经营管理系统，它是专门为我们的客户进行资产配置检视而研发的，我想约您来行里并用20分钟的时间为您做一次资产配置检视，这样可以知道您的资产配置是否健康，也可以为您挑选更好的投资产品。您明天或者后天方便过来吗？

产品到期场景如下：

第一段

私人银行客户经理：×× 先生，您好！我是您在 ×× 机构的客户经理 ×××，您现在方便听电话吗？

客户：方便，你讲吧。

第二段

私人银行客户经理：是这样的，今天给您打电话是有两件事情要跟您沟通一下。第一件事情是，您之前操作的理财产品明天就要到期了，总共到账的利息收益是 ×××，不知道您接下来对到账资金有什么安排呢？

客户：哦，目前还是想继续做理财产品，你有什么好的建议吗？

第三段

私人银行客户经理：嗯，这正是今天想和您沟通的第二件事情，我行近期研发了一套客户经营管理系统，它是专门为我们的客户进行资产配置检视而研发的，我想约您来行里并用20分钟的时间为您做一次资产配置检视，这样可以知道您的资产配置是否健康，也可以为您挑选更好的投资产品。您明天或者后天方便过来吗？

二、客户需求分析

（一）识别客户需求五步法

第一步：登门拜访

- 通过前期的接触与铺垫，尽量促成登门拜访，使客户在更放松的状态下向银行客户经理敞开心扉。
- 有利于“近距离”与客户交流，全方位收集客户信息。

第二步：话题切入

- 根据所见到的客户企业或住所信息，随机切入关于客户企业或家庭等话题。
- 通过时事政治、政策事件、热点新闻事件等，引入与产品有关联的话题。
- 适时引入近期私人银行客户最为关注的高端医疗、法律咨询、税务筹划等话题。

第三步：耐心倾听

- 捕捉客户想法与见解的“真实瞬间”。

第四步：合理建议

- 针对客户自身反馈的问题，从中立的视角给出合理建议。
- 从专业的角度帮助客户分析目前面临的潜在风险。

第五步：关注重点

- 关注客户对话题、事件的反馈及见解。
- 关注交谈过程中客户的言谈举止所表现出的细节线索。

（二）结合客户群需求的分析方法

在需求分析中，除了要考虑客户群的共性需求之外，私人银行还需要考虑客户的个性需求以及对需求的深层次引导，并且根据客户群、生命周期的变化不断进行需求分析调整，具体步骤如表5-4所示。

表5-4 结合客户群需求进行分析

分析维度	具体分析方法
客户信息收集	通过前期客户KYC明确客户的职业以及客户人生周期，通过分析要点来分析客户可能的需求
考虑个性需求	考虑除客群共性需求以外的客户个性化需求
考虑深层次需求	利用每一次与客户接触的机会，激发客户的深层次需求

（续表）

分析维度	具体分析方法
需求解决与反馈	对客户的需求，通过行内相关产品与服务予以满足，将未能满足的客户需求反馈给分行对应财富顾问，分行资源若无法解决，可将相关产品与服务的优化建议反馈至总行归口处
重复执行	随着客户生命周期、职业的变化，客户的需求随时可能进行调整，私人银行客户经理应当在与客户的长期接触中根据最新的KYC结果反复进行客户需求分析，以实现客户深度需求的挖掘

第二节　客户资产结构评估

一、评估目的

通过与私人银行客户进行KYC，我们与客户建立了一定的关系，也收集到了客户的足够信息。此时，我们需要通过定期从资产配置的多元化、配置比例的合理性、持有产品的优选度、是否定期检视配置情况四个维度来综合评价私人银行客户资产配置的合理性，培养私人银行客户进行资产配置的意识，并通过评估发现客户在资产配置中可以改进的地方，根据客户的实际需要，为客户制订具体的资产配置或全权委托方案等，或直接向客户推荐合适的产品。

二、评估要点

客户资产结构评估要点包括制作资产配置评估报告和解读资产配置报告两个方面，如表5-5所示。

表5-5　客户资产结构评估要点

评估要点	说明
制作资产配置评估报告	基于资产配置评估报告模板或CRM系统功能定期为客户制作资产配置评估报告
解读资产配置评估报告	当面为客户解读资产配置评估报告，根据客户需求制订具体的资产配置方案

三、资产配置评估流程

私人银行客户经理进行客户资产配置评估的流程可以采取资产配置分析、业绩归因分析和调整建议三个步骤。

（一）资产配置分析

私人银行客户经理应从行内CRM系统查看客户当前持有产品金额、资产类型、最新净值、产品风险等级，将资产信息输入五步法资产检视工具（私人银行内联网经验分享及案例分析模块）或私人银行经营管理系统，得到客户资产配置状况，对客户资产当前配置的健康度及上期配置决策的合理性进行分析。

（二）业绩归因分析

私人银行客户经理应根据客户所投资产大类的近期表现进行资产历史业绩归因分析，回顾每一类资产在近期的事件和表现，评价客户在前期资产配置中的决策，解释客户持有的复杂产品的投资逻辑。

（三）调整建议

私人银行客户经理应根据历史分析结果和投资逻辑的梳理，参考中信财富指数（见150页）以及对大类资产未来表现的展望，明确给出对其资产大类的调整建议。

四、资产配置评估主要工具

资产配置评估主要工具包括五步法资产检视工具（私人银行内联网经验分享及案例分析模块）及私人银行经营管理系统。私人银行客户经理可以利用上述两个工具为客户生成《资产配置评估报告》，综合评估客户当前的财富在资产多元化、配置合理性、产品优选度和定期配置体检等方面的得分情况。

第三节　开具优化客户资产结构的“药方”

一、业务目的

私人银行客户在人生的各个阶段都有不同的需求。持续对私人银行客户的核心需求进行了解，针对客户当前最关心、最着急解决的需求，为客户推荐适合的解决方案才是真正的客户需求驱动。基于客户的需求，推荐适宜的合作机构的产品和服务，客户才会更加信任、依赖财富顾问和私人银行。

目前，能够提供给私人银行客户的综合解决方案有五个，它们可以满足私人银行客户的不同需求。各综合方案的用途概述如下，具体介绍请参见相关业务文档。

- 资产配置方案：用于解决客户投资需求中的资产配置需求，通过解析市场趋势并基于中信财富指数为客户提供大类资产配置建议，并向其推荐合适的产品。
- 家族信托方案：用于满足客户的财富传承和家庭保障的需求，为高端人员进行家庭财产风险隔离，帮助其实现财富规划及传承目标。
- 全权委托方案：根据客户不同的风险偏好以及在收益、流动性等方面的需求为其定制专属理财产品，用于满足超高净值客户定制化、个性化的投资需求。
- 全球资产配置方案：用于满足客户投资需求中的全球资产配置需求。
- 核心需求服务方案：核心需求服务建议书可以覆盖客户的核心需

求，通过私人银行及合作方的全套产品和服务为客户定制更加全面的解决方案。

二、优化要点

客户资产结构需要从五个方面加以优化，如表5–6所示。

表5–6　客户资产结构的优化要点

优化要点	任务说明
制订客户资产配置方案	基于资产配置建议书模板或使用CRM系统定期为客户出具资产配置建议书
制订家族信托方案	针对有潜在需求的客户，通过事件营销了解客户的意愿，了解客户在财富传承、保障等方面的需求，推荐家族信托方案
制订全权委托方案	针对有潜在需求的客户，为客户推荐标准化全权委托产品或定制化的全权委托方案
制订全球资产配置方案	针对有潜在需求的客户，为客户介绍海外配置产品和投资情况，协同境外合作机构为客户推荐产品或定制海外产品配置方案
制订核心需求服务方案	全面了解私人银行客户的核心需求，整合行内外产品和服务并为客户提供初步的方案建议，根据客户反馈，针对其感兴趣的建议制订具体的方案

三、私人银行金融产品列表

私人银行客户的金融需求可通过资产配置得以满足，而资产配置核心在于配置金融产品。结合中信财富指数分类体系，我们可对私人银行产品进行金融产品和非金融产品的区分，从大类资产、产品、财富需求、经营周期、KPI（关键绩效指标）等视角进行分类。私人银行客户经理可以根据不同的视角出发为客户推荐不同的产品。

（一）大类资产视角

结合私人银行财富指数的划分，我们可将产品分为现金类、固定收益类、权益类、另类投资类、保障类、非金融产品等。

（二）产品视角

根据产品的风险等级、流动性等因素，从客户所看到产品名称的角度出发，我们可按照存款、理财产品、代销信托计划、代销资管计划、代销保险产品、代销家族信托等对金融产品进行分类并进一步细分。

（三）财富需求视角

结合客户财富需求，我们可将金融产品分为五大类，分别为保值增值、家庭保障、子女教育、退休养老和传承规划。

（四）经营周期视角

根据私人银行客户经营周期制定产品策略，以潜客提升、私行新客、稳定经营、流失预警和降级赢回进行分类，可满足五个经营周期客户的需要。

（五）KPI视角

根据各项金融、非金融产品对财富客户、资产、中间业务收入、存款的贡献，我们可按照“做规模”“做收入”“做黏性”对产品进行分类。

四、私人银行非金融服务列表

（一）权益体系

为满足客户的非金融需求，增强客户黏性，财富管理机构需要搭建权益体系，并根据客户需求的变化不断优化权益产品。

从客户职业分群来看，企业主及商旅人士占私人银行客户的比例较高，具有频繁出差、出国旅游的需求。一些私人银行机构提供的接送机及贵宾厅服务针对性地满足了这一需求，因此获得了客户的好评。私人银行客户经理应当经常盘点客户权益使用情况，根据客户出行计划提醒客户未兑换的权益，使客户习惯于其所提供的服务。

（二）中信财富指数

2015年，中信银行携手中信证券、中信建投证券、中信信托、中信保诚人寿、中信保诚基金、华夏基金和天安财险共同组建了中信专家团队，创立“中信财富指数”品牌，每月发布大类资产配置报告，为中信客户提供“有品位、高品质、强品牌”的服务。

中信财富指数逐月发布月度报告，通过提供大类资产配置建议将投资分散至低相关度的各类资产，减少投资者整体收益的波动性，并根据市场的变化定期调整各大类资产的配置比例，助力投资者在投资的收益性和波动性之间取得最优的平衡。据统计，参照中信财富指数资产配置建议执行大类资产配置的收益，高于同期单一理财产品配置平均收益逾1个百分点，并取得了良好的表现。

中信专家团队在对宏观经济形势、金融市场运行、监管政策变化及突发事件影响等多种因素分析的基础上，对货币市场、资本市场、商品市场等领域进行跟踪分析，形成《中信财富指数大类资产配置报告》。作为产品研发和精选的依据，该报告除了用于指导客户的资产配置外，也为一线营销提供了更为专业的综合化支持，帮助客户实现资产的保值增值。不仅如此，中信财富指数融聚了中信集团专家团队的投资哲学与智慧。集团的强大支持、兄弟公司的通力协作、团队成员精益求精的专业态度对指数品牌的打造和专业聚合起到了至关重要的作用。

五、资产全球配置渠道

私人银行客户的资产分为境内资产和境外资产，客户经理应当综合考虑客户的资产分布情况并进行全球资产配置。对客户的境内资产，客户经理可以通过QDII（合格境内机构投资者）及其他投资海外资产的理财产品进行全球资产配置。

六、设计综合方案的工作流程

对于不同的私人银行客户而言，他们在经营周期、职业特征、人生阶段、资产层级等各个方面都存在差异。因此，在设计资产配置方案时，私人银行客户经理需要全面考虑客户的财务现状、核心需求、风险承受能力等因素并为客户设计综合方案。具体来说，对客户资产的配置方案设计包括以下几个流程，如图5-4所示。

客户风险承受能力评估	填写风险评估问卷
客户当前资产配置评估	执行五步法的资产配置评估流程
确认客户核心需求	根据产品列表进行客户需求对接
投资产品选择	为客户推荐合适的产品
出具资产配置建议书	使用私人银行客户经营管理系统，为客户生成资产配置建议报告

图5-4　客户资产的配置方案设计

私人银行客户经理在制订出资产配置方案之后，应该及时征求客户意见，针对为其设计的资产配置方案策划思路与相关建议进行沟通，在私人银行客户对方案内容认可之后开始实施。

在设计综合方案执行过程中，私人银行客户经理可能要与以下相关领域的专业人员进行沟通与合作：会计师、律师、房地产代理商、投资咨询人员、投资基金销售商、保险代理商或经纪人等。这些专业人员对现在的宏观经济形势、行业发展状况与整体经济走势比较了解，并且对各个投资市场和各类投资产品的结构与特点都比较熟悉。只有这些具有专业知识与经验的人员参与设计客户的投资计划，制订出来的理财方案才具有可信性和可行性，才能满足私人银行客户的目标与要求。所以说，私人银行客户经理是私人银行客户投资理财的资源整合者。

七、设计综合方案的主要工具

目前，能够为私人银行客户提供综合解决方案的工具主要有三个，可以满足其对资产配置的需求，其中《资产配置建议报告》需要定期为私人银行客户出具，《家族信托事务管理报告》《全权委托临时运作简报》需要根据客户的购买情况进行出具。各综合方案概述如下，具体介绍请参见总行私人银行部内联网相关的业务文档。

（一）《资产配置建议报告》

私人银行客户经理可以在私人银行客户经营管理系统中为客户生成《资产配置建议报告》，用于解决客户投资需求中的资产配置需求，并基于中信财富指数模型为客户提供大类资产配置建议，为客户推荐合适的产品。

（二）《家族信托事务管理报告》

根据客户的信托财产分配安排，《家庭信托事务管理报告》可为客户定制信托运作方案，满足客户财富传承和家庭保障的需求，为高净值客户进行家庭财产风险隔离，以实现财富规划及传承目标。

（三）《全权委托临时运作简报》

根据客户不同风险偏好以及在收益、流动性等方面的需求，《全权委托临时运作简报》可为客户定制专属理财产品，用于满足超高净值客户定制化、个性化的投资需求。

第四节 实施综合服务方案

一、业务目的

客户接受私人银行提出的方案后，财富顾问将协助客户进行方案的落地实施。在实施过程中，财富顾问需要及时了解方案实施的进展，及时给客户反馈执行进度，让客户能够及时、全面地了解执行情况，提升客户的满意度。同时，财富顾问需要将方案实施过程中产生的档案及时归档，以便日后查询。

不同业务方案的执行情况不同，概述如下，具体内容参见相关业务文件。

- 资产配置方案：帮助客户购买或预约配置方案中推荐的产品，并于产品发售前提醒客户进行购买。如果产品支持CRM订单，财富顾问可以为客户生成订单，由客户在手机银行自助购买。在出具配置方案30天后，统计客户已购买产品的情况，并和方案中推荐的产品进行比较，如果有较大差异，需要和客户沟通原因并进行调整。
- 家族信托方案：为客户落地执行家族信托的主要执行步骤包括签订保密协议、沟通和完善信托规划引导手册、客户尽职调查、确认及签订合同等；在信托设立后，针对关键环节的执行情况制作执行档案，对协议、手册、合同等文档进行归档。
- 全权委托方案：根据全权委托方案，财富顾问为客户合理安排认购开放日和起息成立日，针对关键环节的执行情况制作执行档案并对其进行归档。

- 全球资产配置方案：根据为客户制订的海外资产配置方案，财富顾问协同合作机构为客户落地实施，及时了解执行情况并向客户反馈，及时记录执行进展并向客户反馈进度。
- 核心需求服务方案：针对客户感兴趣的建议，财富顾问协同合作方出具方案建议书，及时了解执行情况并向客户反馈，及时记录执行进展并向客户反馈进度。

二、关键任务

实施综合服务方案，具有如表5-7所示的五个方面的关键任务。

表5-7　实施综合服务方案的关键任务

关键任务	任务说明	任务要求
实施 资产配置方案	1.协助客户购买或预约产品 2.为客户生成产品购买订单 3.统计推荐产品的购买情况	确定资产配置方案30天后，完成实施产品购买统计
实施 家族资产信托方案	签订保密协议、沟通和完善信托规划引导手册、客户尽职调查、确认及签订合同等，归档相关的合同和档案	—
实施 全权委托方案	在确定认购日期后，提醒客户进行购买，归档相关的合同和档案	—
实施 全球资产配置方案	协同合作机构为客户落地实施，及时了解执行情况并向客户反馈，及时记录执行进展并向客户反馈进度	—
实施 核心需求服务方案	协同合作方出具方案建议书，及时了解执行情况并向客户反馈，及时记录执行进展并向客户反馈进度	—

三、方案实施与呈现

私人银行客户经理在全面了解客户的财务需求和投资价值观的情况下，需从以下几方面为客户解读资产配置建议书：

- 资产维度和功能维度两个模型的含义。
- 各类资产持有比例与建议配置比例的差异。
- 建议的配置调整策略。对于客户配置缺失的资产类别，私人银行客户经理可选择相应的优选标的进行产品营销，介绍适合私人银行客户的产品。

四、售前充分沟通

在与客户进行营销沟通的过程中，私人银行客户经理在形式上要尽量使用客户所用的语言，内容上需要换位思考，从客户的角度思考其是否真正需要和想要这项服务与产品组合。私人银行客户经理不得为客户进行不合适的宣传和承诺，不得过度销售。

五、销售合规与风险告知

私人银行客户经理在给客户推荐产品时，务必合规销售产品，进行风险提示，对产品信息进行详尽的披露，根据产品风险等级严格做好录音、录像工作。

六、实施综合方案的主要技巧

（一）产品介绍技巧

明确客户需求后，客户经理要解释并描述产品的特征和优点，通过产品满足客户需求。围绕客户需求，客户经理要让客户知道为什么要了解该产品、该产品能满足什么需求、该产品能带来什么好处。具体执行方式是FABE销售法（见表5-8），它可以让客户相信所购买的产品是最适合自己的。

表5-8　FABE销售法

分类	定义	举例
F：产品特性（Feature）	是指产品或服务的特性、特点	■ 全球资产配置 ■ 高业绩基准 ■ 存款产品利息所得免个税
A：产品好处（Advantage）	是指展现产品或服务的优点，它将如何协助客户并能给客户带来什么好处	■ 分散投资风险 ■ 流动性良好
B：产品利益（Benefit）	是指产品或服务可以满足客户已经表达出的明确性需求，给客户带来利益	你很在意子女的婚姻风险，家族信托对你规避子女婚变风险有很大帮助
E：证据（Evidence）	是指通过现场演示相关证明文件，证明产品或服务能满足客户需要	■ 通过历史净值演示产品净值变动情况 ■ 带领客户通读产品说明书，解释其中的重要条款

（二）成交促成技巧

1. 成交信号

促成成交需要合适的时机，你如果太早提出成交建议，会吓退客户，可是如果太晚提出成交建议，则会错失销售成功的机会。其实，在销售过程中，客户会给我们一些接受产品的信号，例如问购买产品的一些细节、问购买产品之后的情况、开放式的肢体语言（仔细阅读并同你确认相关条款）等。

2. 成交的方法

- 假定成交法。假定成交法也可以称为假设成交法，是指我们在假定客户已经接受配置的建议、同意购买的基础上，通过提出一些具体的成交问题，直接要求客户购买产品的一种方法。假定成交法的优点是：可以节省时间，提高销售效率并适当地减轻客户的成交压力。
- 选择成交法。选择成交法，就是直接向客户提出若干购买的方案，并要求客户选择一种购买的方法。当看准顾客的购买信号时，我们要先假定成交，后选择成交，并把选择的范围局限在成交的范围内。选择成交法的要点就是使客户回避要还是不要的问题。选择成交法的优点是可以减轻客户的心理压力，制造良好的成交气氛。从表面上来，选择成交法似乎把成交的主动权交给了客户，而事实上它就是让客户在一定的范围内进行选择，可以有效地促成交易。

第五节　定期检视与售后服务

一、业务目的

定期检视与售后服务的目的在于，通过定期的检视服务，帮助客户及时掌握产品投资情况、方案实施情况等信息，使得客户可以更加放心地享受私人银行的服务，财富顾问也能够借机了解客户新的想法和需求，从而发现新的业务机会。

检视服务分为四种情况：产品售后服务、方案定期回访、综合报告服务以及年终客户答谢。

- 产品售后服务：针对净值型产品，定期为客户反馈产品投资收益，根据市场变化以及产品的开放日期，提醒客户购买或赎回；针对固定期限的产品，做好到期续接工作。
- 方案定期回访：针对资产配置方案、家族信托、全权委托等，按照相应的业务要求，定期进行客户回访工作，并编写回访报告。
- 投资综合报告：为客户定期提供综合资产负债报告，方便客户及时了解投资收益情况。
- 年终客户答谢：年末，邀请客户进行全年投资和服务的回顾，了解客户对私人银行产品和服务的满意程度，并编写客户年度服务总结。

二、关键任务

定期检视与售后服务具有如表5-9所示的五项关键任务。

表5-9　定期检视与售后服务的关键任务

关键任务	任务说明
产品售后服务	1. 定期反馈净值型产品投资收益 2. 安排产品的购买或赎回 3. 做好产品到期续接工作
资产配置方案实施检视	提供资产配置建议后，45天反馈资产配置建议执行情况，90天检视资产配置情况
家族信托执行检视	定期对家族信托的客户进行回访，解读产品运行报告，进行新一轮需求沟通，完成客户回访报告
全权委托执行检视	为客户进行月度、季度的净值披露，并定期提供产品运作报告解读服务；定期提供检视回访服务，为客户主动汇报投资运作情况等，并进行新一轮的需求沟通，形成检视报告
投资综合报告服务	定期提供客户综合资产负债报告，并给客户进行分析解读，记录客户的反馈意见
客户年终答谢与总结	年末进行客户回顾，与客户检视当年的投资情况和需求满足情况，结合实际情况进行客户经营总结

三、定期检视

私人银行客户经理应当每三个月对名下客户进行资产检视工作，资产检视要求及流程同资产配置评估流程，在私人银行客户经营管理系统生成《资产配置检视报告》，并向客户进行上个周期资产配置情况的解读。

四、售后服务

私人银行客户经理在售出复杂产品之后，至少应当每三个月从产品维度进行售后回访，对购买复杂产品的客户进行产品运作情况解读工作。私人银行客户经理可以在行内CRM系统的营销客户名单筛选项中的产品销售主题功能中筛选出复杂产品的持有客户。复杂产品的售后服务维护方法主要有产品运作报告解读及客户资产配置分析。

（一）复杂产品运作报告

对复杂产品，产品管理人会定期在相关产品售后群发布产品运作报告，同时不定期召开电话会议解读产品运作情况。私人银行客户经理应当及时收集报告内容，向持有该产品的客户进行解释和信息披露工作。关于产品运作报告，客户可在产品沟通群或分行产品经理处及时获取。

（二）客户资产配置分析

私人银行客户经理应当定期对持有权益类复杂产品的高净值私人银行客户进行总体资产情况分析，结合私人银行部在内联网的产品专区每周披露的产品净值对客户总体收益率进行测算，对收益率波动较大的客户需要及时进行维护与跟进。

为了进一步提升私人银行客户质量及综合价值贡献度，完成从“销售产品”向“经营客户”的逐步转型，私人银行需要建立统一、标准化客户经营的方法和流程，以客户需求为驱动，通过“1+1+N”的团队服务模式，实现私人银行客户的精细化经营。

第六节 权益保护与投诉处理

一、消费者权益保护

消费者权益保护工作（以下简称消保工作）中应当保障消费者的八大基本权利，即财产安全权、知情权、自主选择权、公平交易权、依法求偿权、受教育权、受尊重权和信息安全权。消保工作包括但不限于消费者的投诉与紧急消保事件处理、产品与服务的信息披露、对消费者金融知识的宣传教育、消费者信息安全保护、金融机构内部的宣传培训、新产品和新服务的审核报送。

（一）消保工作的基本原则

（1）实质重于形式：如果消保工作涉及影响消费者的八大基本权利，消费者权益保护部门就不能以同质化为理由逃避审核。

（2）流程审批：所有的消保工作应按规定流程办理，不能跨流程审批，必要时可以走快速审批流程，以确保管理的有效性和及时性。

（3）分级管理：在消保管理工作中应做到“分级管理、权责一致、分层负责”。

（4）责任到人：每项产品、服务及宣传的消保管理责任应落实到具体经办人。经办人应学习掌握消保知识，在消保工作中起到第一道防线的作用，及时落实、改进现有的服务制度与流程。

（二）消保工作的要点

（1）在产品、服务、活动方案和物料的设计开发、调整以及规章制度的制定（修订）过程中，确保嵌入消保内容，落实保护消费者权益的要求。

（2）应当根据金融产品和服务的特性评估其对消费者的适合度。向金融消费者提供的金融产品和服务，应当符合其风险承受能力，金融机构不得向低风险承受等级的金融消费者推荐高风险的金融产品和服务。

（3）牵头处理本条线的投诉及紧急消保事件，及时给出针对投诉及紧急消保事件的处理意见，并报送本级消保办公室。

（4）在消费者个人信息的收集、储存及使用过程中履行信息安全相关要求。制订消费者金融信息安全保护在内的应急预案，并组织应急演练。至少每半年排查一次个人金融信息安全隐患。

（5）以通俗易懂、清晰醒目的方式进行信息披露，在活动开展前或物料下发前，应进行金融营销宣传活动及物料的合规性和消保要点审核。

（6）针对客户开展公益性、常态化的金融知识宣传教育。

（7）针对员工开展保护消费者权益的培训工作，提升员工对消费者权益保护的思想认识，确保其严格执行保护消费者权益的各项规定。

（8）主动发起对存在合作关系的中介机构和第三方机构开展消费者权益保护的监督评价工作，将消费者权益保护相关要求纳入中介机构和第三方机构的准入、清退条件。

（三）私人银行业务特性及私人银行客户权益的保护要点

1. 私人银行客户信息安全保护

在个人金融信息收集方面，私人银行应当注意：

- 在收集个人金融信息前采取书面提醒的方式，向个人信息主体明确告知相关内容；
- 不得收集与义务无关或者采取不正当的方式收集信息；
- 收集个人金融信息前应取得金融消费者的书面授权；
- 不得以概括授权的方式，索取与金融产品和服务无关的个人金融信息使用授权或同意；
- 使用格式条款收集个人金融信息时应当履行告知义务。

在个人金融信息保存方面，私人银行应采取符合国家档案管理规定的措施，落实个人金融信息档案资料安全管理，应采取符合国家电子数据管理规定的措施，加强对个人金融信息数据安全技术的保护。

在个人金融信息使用方面，私人银行应当注意：

- 使用个人金融信息前应取得金融消费者的书面授权；
- 不得把客户授权或同意将其个人信息用于营销、对外提供等作为与客户建立业务关系的先决条件；
- 在内部使用及对外提供个人金融信息时，应执行内部授权审批程序和采取有效技术措施以确保流转环节的安全，并能够对其追溯；
- 按照法律、行政法规明确规定的要求与范围向有权机关提供个人金融信息，并核实登记相关证明文件。

严格控制境内数据向境外转移。在中国境内收集的个人金融信息的存储、处理和分析应当在中国境内进行。除法律法规及中国人民银行另有规定外，金融机构不得向境外提供境内个人金融信息。向特定的境外机构传输境内收集的相关个人金融信息，应当采取审慎措施以确保信息安全。

在中国境内收集的个人金融信息的存储、处理和分析应当在中国境内进行。除法律法规及中国人民银行另有规定外，金融机构不得向境外提供境内个人金融信息。

加强个人金融信息相关外包管理工作，充分审查、评估外包服务供应商保护个人金融信息的能力，并将其作为选择外包服务供应商的重要指标，不得因其与外包服务供应商合作而转移、减免其个人金融信息保护的义务。

2. 产品、服务、宣传及制度的消保要点

- 严格区分自有产品和代销产品。
- 不得使用“国家级”“最高级”“最佳”“唯一”等极限类用语以及“国家兜底”“政府买单”“保本”“无风险”“保收益”等承诺类用语，不得含有或隐含与性别、种族、宗教信仰相关的歧视性用语。
- 在格式合同条款及服务协议文本中，重点审查是否有保护消费者财产安全权、自主选择的权利、个人信息安全等方面的保障措施；是否存在误导、欺诈等侵犯金融消费者合法权益的内容；是否含有减轻、免除己方责任，加重金融消费者责任，限制或者排除金融消费者合法权利的格式条款。
- 应避免排除消费者的合同解释权，不得约定私人银行对合同具有

单方解释权。避免排除消费者正当权利，如对于合同约定消费者放弃抗辩权，或者私人银行在变更合同权利义务时无须通知消费者等条款。

- 如私人银行根据业务发展变化拟单方面变更主要内容，应根据具体业务类型通过信函、短信、电话等方式征得消费者的同意，并赋予消费者选择权。
- 对于因消费者违约（包括消费者提出解约、提前还款等），确需消费者承担有关费用的情形，宜将相关费用约定为消费者的违约补偿金，避免出现“费用一经收取不予退还”的条款。
- 对于未经公示的私人银行内部业务规定，应避免笼统要求消费者遵守私人银行内部业务规定，如相关业务规定涉及私人银行与消费者之间的权利义务关系且需消费者承诺遵守，应在业务合同等文件中载明有关业务规定的具体内容，或告知消费者该业务规定的具体内容。
- 应避免在合同中约定由私人银行原因造成消费者人身伤害，或因私人银行故意或重大过失造成消费者财产损失，私人银行免责的条款。如约定对由系统故障、通信故障等原因造成客户损失免责的，应补充明确“因故意或重大过失造成的系统故障、通信故障除外”。
- 金融营销宣传应当通过足以引起金融消费者注意的文字、符号、字体、颜色等特别标识对限制金融消费者权利和加重金融消费者义务的事项进行说明。
- 以弹出页面等形式发布金融营销宣传广告的，应当显著标明关闭标志，确保一键关闭；以电子信息方式发送金融营销信息的，应当明确发送者的真实身份和联系方式，并向接收者提供拒绝继续接收的方式。

3. 产品与服务信息披露的消保要点

金融机构应当以通俗易懂、清晰醒目的方式重点落实以下信息披露：

- 金融消费者对该金融产品和服务的权利和义务，订立、变更、中止和解除合同的方式及限制。
- 金融机构对该金融产品和服务的权利、义务及法律责任。
- 金融消费者应当负担的费用及违约金，包括金额的确定、支付时点和方式。
- 金融产品和服务是否受存款保险或者其他相关保障机制的保障。
- 因金融产品和服务发生纠纷的处理及投诉途径。
- 为客户购买合作机构金融类产品提供服务的，应当确保合作机构为取得资质并依法开展业务的机构，并在客户首次购买时向客户展示合作机构信息和产品信息，充分提示相关责任、权利、义务及潜在风险。
- 在金融产品和服务存在有条件的费用减免的情况下，金融营销宣传不得隐瞒费用减免的条件、期限和第三方收费等情形。
- 应当使用有利于金融消费者接受、理解的方式，对重要信息中关键的专业术语应进行解释说明。

二、客户投诉处理要点

（一）投诉处理人员

金融机构应严格执行“首问负责制”。首个受理投诉的部门或个人，应在其处理权限内负责问题的解决，若超出其职责范围或处理权限，应及时将投诉问题传递至该业务相关牵头部门，由牵头部门进行处理。牵头部门无法处理的，应及时上报，由上一级投诉管理部门协调解决。

（二）投诉处理期限

金融机构对投诉事项应根据情况制定相应的处理时限，对于事实清楚、争议情况简单的投诉，应自收到投诉之日起5个自然日内做出处理决定并告知投诉人，情况复杂的可以延长至10个自然日；情况特别复杂或者有其他特殊原因的，经相关负责人审批后，可以告知投诉人再延长10个自然日。

（三）投诉受理渠道

目前受理消费者投诉的渠道包括内部渠道与外部渠道两大类。内部渠道主要包括客户现场投诉、客服电话或线上客服投诉、意见簿、电子邮件及信函投诉等。外部渠道主要包括银保监会、国家信访局等监管机构和其他外部单位。投诉处理人员需指定投诉处理人，在规定时间内对投诉事件进行调查，并出具投诉处理意见。

（四）投诉处理分级管理

按照影响范围和严重程度，消保投诉事件被划分为特大、重大、较大、一般四个等级。金融机构应按照消保投诉事件的性质逐级汇报，制定完善的分级机制和投诉响应流程，不同级别的投诉事件报告至相应级别领导。

第六章

建设专业卓越的营销服务团队

私人银行业务服务的核心环节就是发现、挖掘客户需求，并为客户制订专业、专属、专享的解决方案，同时通过与客户的沟通交流，实现其产品和服务的有效落地。可见私人银行服务人员、服务团队尤为重要。那么，私人银行服务团队应该具备哪些能力呢？各层级服务团队之间应建立什么样的协同机制呢？私人银行团队需要哪些培训与专业支持？本章将一一讲述私人银行人员及团队管理的几个方面，即团队人员的发展要求、服务能力、协同机制、培养体系。

第一节　明确“职业化、专业化、知识化”的发展要求

专业的私人银行服务团队包括勤勉的管理人员、专注的中后台体系运维人员、专业的专家团队及一线的私人银行客户经理。从国内私人银行的人才结构来看，这些从事私人银行业务服务的从业人员个人素质相对较高。除了擅长产品销售，他们还具备财富规划及企业财务管理等

知识。针对高素质的私人银行业务从业人员，我们概括出以下“三化”要求。

一、私人银行团队的“职业化”

其一，培养私人银行团队职业精神，规范职业行为，恪守职业操守。私人银行团队要遵从客户至上、正直诚信、遵纪守法、客观公正、专业胜任、保守秘密、专业精神、恪尽职守八项职业操守规范。特别是在为客户提供服务过程中，私人银行团队要从客户角度出发，依法、依规办事，全面思考、关爱客户，为客户提供合理、审慎的专业判断。

其二，打造私人银行团队职业发展路径。优秀的人才不仅关注自己的现状和职业规划，更关注自己所在的企业的发展前途。针对私人银行服务团队这类优秀人才，企业应该进一步强化人才管理的循环概念，加强后备干部的构建，留住优秀人才并帮助他们健康成长。

其三，构建科学的绩效考核评价体系，激发团队干事和创业的激情。私人银行要进行科学合理的分类考核，提供极富有竞争力的薪酬、福利以及完善的奖励机制，留住关键人才。薪酬体系的建立一方面要考虑利用长期激励手段来实现人才激励，这也是保证私人银行业务可持续发展的动力；另一方面，要关注对私人银行业务人员的能力评价。现在银行的绩效管理都是以量化考核为主，这虽然避免了主观性强的弊病，但很容易忽视员工的能力评价，特别是在做人事决策时，量化考核结果的运用有一定的局限性，所以360度的综合绩效评估至关重要。

二、私人银行团队的“专业化”

首先，与时俱进地培养和提升专业能力与专业技能。一方面，私人银行团队的专业能力体现在持证资质上。私人银行从业者不光要具备CFP（国际金融理财规划师）资质，还要区别于普通的零售客户经理成为CPB（私人银行家）持证人，使自身具备专业的财富管理及综合金融服务方案设计的专业技能。另一方面，私人银行团队的专业能力还应体现在对政策解读的准确性上。近年来，防范金融系统性风险措施不断加强，国家频频出台的政策、法规加强了对金融系统风险的防控力度。私人银行从业人员应及时了解并掌握国家政策法规，为客户提供合理的金融服务方案。

其次，培养专业的工作作风。古人云“业精于勤荒于嬉”，私人银行从业人员要发扬“工匠精神”，提升业务水平，养成专业的工作作风。无论是分析经济形势还是做出配置建议，私人银行从业者都需要专业思维、专业素养、专业方法。正所谓“不一则不专，不专则不能”，私人银行从业人员要提升专业能力，树立专业作风。

最后，围绕客户价值链持续提升专业服务。私人银行专业服务主要包括法律服务、税务管理、企业管理、全球配置等多方面的管理服务，这些专业服务需要私人银行从业人员与第三方机构共同提供，所以私人银行从业人员提供的专业服务要持续更新和完善，整合最优资源给私人银行客户。

三、私人银行团队的“知识化”

一是，打造学习型私人银行服务团队。私人银行的服务源于个人和团队，持续的知识更新、不断丰富完善的知识库、提升个人及团队的服务能力是为客户提供持续服务的基础，这样才能将私人银行服务做到“可持续发展”。由此可见，私人银行服务人员和团队要养成学习的习惯，坚持学习，更新技能，把专业服务做到“极致”，彰显私人银行服务的温度，才能更有效地提升客户忠诚度。

二是，增强个人悟性，总结借鉴提升。古语云“他山之石，可以攻玉”。私人银行业务在开展的过程中，虽然很难使用标准化、流程化的服务去满足客户个性化的需求，但私人银行客户经理要善于总结提炼，一方面对自身服务的客户要总结客户画像、客户特征、客户需求的痛点，甚至总结提炼客户的性格特点、兴趣爱好，不断优化自己的服务流程；另一方面，私人银行客户经理要多交流学习，学习国内外优秀私人银行客户经理的服务案例，“对号入座”，借鉴提升，将成功案例的服务话术转化为自己的本领。

第二节 培育营销服务团队八大核心能力

在过去10年的私人银行业务发展当中，各家银行始终把客户经营维护能力的提升放在首位。即便有些银行曾经走上专属产品供应的道路，但最终还是回归于客户经营的主线。私人银行业务的客户经营维护，连接着外部客户市场和内部业务运作，发挥着极其关键的作用。而欧美国家的大型银行集团是混业经营的，可分为零售银行（或消费银行）、商业银行、公司银行、投资银行和私人银行五大业务线。在这五大类中，私人银行对从业人员要求很高，特别是私人银行客户经理要精通个人财富管理、企业财务管理，熟悉国际金融市场及金融衍生品，熟悉保险知识，了解国家税收政策和移民政策，掌握信托计划的规则和运作，等等。所以，私人银行营销服务团队要具备的核心能力主要表现在以下八个方面。

一、全面获取信息的能力

私人银行业务源于银行利用信息不对称，发挥银行渠道、专业、产品与信息优势为不同私人银行客户提升价值创造能力与需求满足响应能力，是私人银行客户经理管理的关键。

二、监管政策及合规的运用能力

近年来，随着金融系统性风险不断上升，国家监管机构为防范金融系统性风险，不断加强对银行、投资者及金融机构的政策约束。私人银行客户经理对政策的解读、认知和应用应做到“了解及时”“解读准确”“应用到位”，为私人银行客户提供全面的政策解读支撑。

三、沟通交流与综合分析的能力

私人银行客户服务进展是否顺利，在很大程度上取决于客户经理与客户的沟通交流过程，即只有在交流中打动客户，与客户产生共鸣，赢得客户信任，才有利于业务的顺利开展。私人银行客户经理的沟通交流能力、综合表达能力、全面知识运用能力，显得尤为重要。

四、洞察客户心理与行为的能力

新时期的私人银行业务，要重点打造客户关系管理能力，即在市场上树立强大的品牌形象，对私人银行客户心理与行为进行充分洞察、分析及应用。从本质上讲，这是一种精准客户关系管理的能力，更是私人银行客户价值管理的能力，即通过对客户心理与行为的充分把握，给银行带来利润，实现客户与银行的共赢。

五、解决问题的组织协调能力

私人银行客户都是高净值客户，其金融服务需求和非金融服务需求多元，客户间的价值差异较大，对服务的品位和品质要求较高，私人银行客户经理要具备“以点带面”的组织协调能力，将客户的需求与银行提供的服务完美匹配，打造提供综合解决方案，为客户提供周到服务。

六、个性化服务能力

在中外资银行的零售客户经营过程中，很多服务都属于“批量生产+批量销售”的服务模式，产品结构相对固定、单一，银行先进行产品与服务设计，然后再与客户沟通销售。然而，私人银行业务是根据每一位客户的需求量身定做的，是个性化的，在服务和销售等环节可以不拘定式。

七、团队合作能力

私人银行客户服务不仅体现在客户的个人财富上，还服务于客户所在的企业和家族。一方面，私人银行给客户提供全方位、一站式金融服务，并为其企业投融资提供全面的商业银行服务和投资顾问服务，同时还为客户的企业管理提供咨询建议、投行服务及法律和财务咨询等；另一方面，从服务角度来看，私人银行注重家族服务，为客户提供财富“传承规划”服务，强调从生前到今生，再到身后的全方位、全时段、全空间的概念服务。所以在对客户个人、企业、家庭服务过程中，私人银行要从多维度、多方面、多渠道去考虑和整合团队资源。

八、平台资源整合协同能力

私人银行业务对专业性和综合性具有很高的要求，需要依靠一个综合金融服务能力完整、强大的优秀母行平台，必须坚持融入全行经营的发展道路。相应地，其自身也要具有相当的平台资源整合协同能力。这个能力主要体现在以下三个方面。

一是有效发挥“撮合”作用的平台运作模式。私人银行作为高净值个人客户的经营者，是衔接客户需求和产品服务的“撮合”者，使客户及银行价值最大化。二是一致的服务体验。为私人银行客户提供顶尖服务和极致体验，需要建立差异化、精细化的服务规范和流程，形成客户服务标准——以“客户旅程”为主线，了解客户偏好的服务方式，了解客户的“关键时刻”，全面梳理和掌握客户在业务流程中的各个触点，通过工具规范一线客户经理和财富顾问的日常业务行为，落实服务流程要求的规定动作。三是客户经营效益的提升。利差持续收窄、大量取消收费业务倒逼商业银行加快培育新盈利增长点。加快发展私人银行业务有助于增加非利差收入和盈利贡献，为银行转变赢利模式进行有益探索。

第三节 打造营销服务团队业务协同机制

基于私人银行客户、客户群的分层分类的特征，私人银行对客户实行差异化的营销策略时，关键是要做到私人银行客户“经营维护、提升服务”到位，进而提升客户经营服务软实力。这对我们的服务机制要求更高，目前的银行同业业务普遍采取了“1+1+N”总分支联动机制。

一、1+1+N总分支联动机制

私人银行客户的基本金融服务和关系维护由它的直管私人银行客户经理提供，即我们说的第一个“1”；私人银行客户专属的较复杂的金融服务、初级传承服务及全权委托服务，总分行的财富顾问及投资顾问就可以满足其需要，即我们说的第二个“1”；私人银行客户复杂的金融服务、家族传承、税务筹划甚至企业治理等高难度的事务安排，将由总行的外聘专家团队集中智慧提供智力支持，即我们说的“N”。1+1+N总分支联动机制，既能满足中国国情下客户关系的维护管理，避免客户的流失，也能满足客户的各类需求，挖掘客户的潜在实力，给银行创造价值。

二、各岗位职责

在私人银行服务中，各银行普遍设置服务岗位为三级，即总行投资顾问、分行财富顾问及支行的私人银行客户经理。他们各司其职，在不同需求的客户服务阶段扮演不同的角色，提供不同的服务支持。

（一）总行投资顾问

总行投资顾问为私人银行部提供战略定位和实施方案，完善高净值客户金融服务体系，参与分行超高净值客户的经营维护，为私人银行客户提供综合咨询规划服务，搭建全行财富顾问团队并组织相关支持和培训工作，以达到强化财富顾问服务专业度、促进私人银行与私人银行业务快速发展的目的。总行投资顾问的主要职责如下：

- 负责搭建、完善与推广高净值客户综合服务平台，并协同各相关业务部门制定相关管理办法、操作流程及合作机构准入标准等。
- 负责协助分行对全权资产委托管理、家族信托等业务的营销推广工作。
- 负责资产配置报告及相关工作，包括建立、跟踪并维护各类产品池，并基于资产配置提出产品组合建议，制定资产配置相关流程，开发资产配置模板工具并推广应用。
- 负责高端客户的经营与维护，具体为根据分行需求，陪访超高净值客户或分行级重点客户、参与客户洽谈、拟订客户综合服务方案。
- 提供分行支持，包括分行私人银行主题活动支持、主题讲座支持及日常咨询支持等。

- 协助私人银行业务的系统建设与改造升级，包括系统建设、升级改造及应用推广，市场、同业情况及客户需求的收集反馈等。

（二）分行财富顾问

私人银行财富顾问是指分行工作人员中符合财富顾问相关准入条件，经专业培训并考试合格，聘用为专职从事高净值客户服务和经营的专业人员。他们的主要职责如下：

- 负责执行高净值客户资产配置服务流程，出具客户的资产配置报告，对资产配置报告的执行情况进行定期检视。
- 了解产品发行情况，熟悉产品特征，发掘销售要点，主导产品销售并进行销售辅导，构建产品组合，参与复杂产品销售，进行交叉营销。
- 积极参与并负责牵头私人银行创新业务的属地营销活动。
- 负责落实分行重点高净值客户联系与维护管理办法，制订并执行客户陪访工作规划，在陪访过程中提供专业支持，包括机构投资观点说明、产品组合建议、产品说明和释疑等。
- 负责市场调研分析，组织并参与分支行中高端客户活动，比如进行主题演讲等。
- 收集与反馈客户信息、需求及市场行情，协助确定不同类型客户的资产配置与产品组合建议。
- 针对资产配置等相关工作提出优化建议。
- 负责指导、支持支行贵宾私人银行客户经理、财富顾问开展财富管理和财务管理工作。

- 积极参与、组织财富顾问发起的市场资讯、产品信息、营销案例等的学习和研讨。

（三）支行客户经理

私人银行客户经理是私人银行客户服务的重要元素，除了要具备相应专业资质，掌握相关专业知识技能，积累相关营销拓展经验，开发、维持私人银行客户资源并开展客户信息和客户关系管理外，还要具备较强的语言表达和沟通能力，富有激情和感染力，具有职业素养。他们的主要职责为：

- 识别开发私人银行客户：提升潜力客户和管理客户总资产规模，完成客户数、管理资产、中间业务收入等财务指标；完善并更新私人银行客户KYC，包括但不限于资产规模、家庭成员、他行产品、职业关系、兴趣爱好等要素。
- 经营维护现有私人银行客户：通过运用私人银行客户经营流程，维护与经营现有客户，减少客户流失；根据客户需求制订个性化、科学化的客户综合服务方案，包括金融服务和非金融服务，提升客户忠诚度；定期向客户出具各类投资理财建议，解析各类产品和服务，进行客户资产及产品配置，开展资产跟踪检视等工作；协同专家团队为客户提供家族传承、资产管理、复杂融资方案规划与执行的服务。

第四节　优化营销服务团队培养体系

国内私人银行业务人才缺乏的不仅是专业的财富管理知识，还缺乏丰富的人生阅历和人文知识涵养，因此国内私人银行培训短缺的矛盾尤为突出。接下来，我们从专业培训支撑问题及解决之道两个角度来对比进行分析。

一、专业培训

私人银行培训同业往往采取“走出去”和“请进来”两种方法进行培训。“走出去”主要是把人才送到瑞士、新加坡及中国香港等“私人银行圣地”去学习，学习专业的财富管理知识，培养他们全球资产配置的市场感和客户感。这种方式可以开拓参训人员的视野，提升他们的专业技能，但成本昂贵，服务境内客户的实战不足。而“请进来”是指各银行请一些专业咨询机构的外聘老师，一般大多来自中国台湾，来为大陆的私人银行客户经理授课，提升他们的专业服务技能。

与培训有关的一个重要问题是，对更为体系化的课程的需要。由于成本原因，私人银行对培训的投入一般有限，尽管很多银行的高管接受过私人银行的业务理念，也知道对这个新兴市场要有一个培育的过程，但是一到具体环节，费用控制依然会制约私人银行的培训进程。

二、其他专业支持

私人银行必须尽早发展自身的核心培训体系与工作方法体系。如果私人银行要打造核心竞争力并令客户的体验与众不同，那么其培训需要达到相当的水准，且要建立自己的培训体系，有完整的培训内容、培训机构、资质认证的品牌。在培训方式上，私人银行必须克服现行培训体系中的一些弱点，比如：在培训过程中减少过于理论化的培训，增加实战案例和演练，在集中培训后增加工作过程中的导师点评培训等环节。

“十年树木，百年树人”，人才培养是国内私人银行业务无法快速超越的现实。目前，国内还无法在私人银行内部建立起“转培训”的机制，必须借用外脑。随着先期人才的成长，培训的费用也会大大降低，因此私人银行培训体系完善的银行，势必成为培训私人银行业务的“黄埔军校”。

第七章

金融科技是助推私人银行发展的核心动力

第一节　金融科技提升管理效能

一、金融科技推动金融行业转型

当今世界，金融与科技的融合发展已是大势所趋。大数据、云计算、区块链以及人工智能等新兴技术在不同金融业态中得以运用，金融科技已成为推动传统金融行业转型升级的最重要因素之一。金融科技为私人银行的客户经营与产品服务提供了商业上的可持续性、成本上的可控性和技术上的可行性。数字化管理平台在私人银行金融科技体系中处于核心地位，从技术出发，到业务场景落地，大大提升了银行的管理效能。

通过数字化管理平台，私人银行可实现客户经营过程的量化管理，以及经营结果的效能评估与优化。只有借力金融技术，及时发现客户需求，私人银行才能持续推进精准营销工作，重塑客户经营流程，加强过程管控能力，提升经营响应的时效性和产能效果。

通过数字化管理平台，私人银行将发挥数字化管理优势——通过场景化设计、产品与权益匹配，实现对一线人员的赋能。数字化管理平台可实现过程管理的持续加强和后续评价。数据营销为一线销售提供直接支持，即通过数据挖掘发现商机，建立商机派发规则，对商机数据进行清理并按照数据的标签分配给不同销售团队。除了提供销售支撑，数字化管理平台还能与销售体系结合形成新的运营模式，比如数据驱动的营销模式。私人银行以客户为中心的经营理念，能够拓展私公业务、资产负债业务和借贷业务，综合管理客户的产品配置，满足客户的金融需求及非金融需求，为私人银行客户管理团队赋能。为了深耕高端财富管理市场，私人银行必须向全能服务型私人银行转型，持续加强专业队伍的培养，包括对资产配置、产品筛选、产品创设等专业人才的培养，完成从满足客户需求到引领客户需求的转型。

数字化建设将整体提升管理效率。从传统财富管理到金融科技创新，转型与发展并存。一方面，数字化建设整合了私人银行客户与渠道资源、客户的公司业务资源、金融市场与资管业务的产品资源；另一方面，在现有成熟体系基础上的创新、创造，将加快反应速度，提升创新能力，增强整个组织的灵活性，包括人才的差异化管理、产品的迭代研发等。

只有将金融科技与金融业务相互结合、融会贯通，私人银行才能有效提升金融科技的金融能力，客观准确地理解各类金融科技的功能，深刻领会各类金融业务的性质和规律，同时创造性地将两者结合起来发展金融业务。科技在金融领域的有效应用，可以使金融更好地发挥支持经济发展的作用。当科技被赋予金融能力时，科技的功能可以得到淋漓尽致的发挥。

二、金融科技的应用场景展现

银行业务已经具备随时随地满足客户需求的功能，私人银行必须通过数字化平台来提升管理效能。在建立消费体验时，私人银行要提前预测客户的需求，或将客户与品牌的每一次互动都变得尽量个性化。提前预测客户需求、提前评估风险、找出服务机会，并在需求出现时及时满足客户，这些绝不是科技手段的新奇运用，而是银行生存的重要保障。未来，银行的发展将与客户服务息息相关。对消费者来说，数字渠道已经不是什么新鲜事物，落后的业务流程将成为消费体验中的障碍。建立技术团队、整合大数据、为客户动态提供弹性解决方案、聚合客户信息，可为企业提供更好的技术和服务平台。未来，银行的核心业务将是提供不间断的银行服务。银行的业务能力和实现过程已经与人们的日常生活规划整合在一起，无论客户买房、买车、旅游、购物、供孩子上大学，还是为退休做储蓄，银行极力满足这些需求的过程至关重要。银行业务已经从客户去哪儿办理变成了指导客户如何办理，即找出实现银行业务的方法，让消费者在日常生活中遇到问题时，可以随时随地找到对应的解决方案。

生物识别技术的发展，将大大提高自助设备的效能和安全性。从科技角度来讲，自助设备安全性的提升，有力地减少了诈骗行为，大大提升了犯罪难度，并且能够提供更快、更好的客户体验。如今，个人数字信息与密码越来越多，通过独一无二的生物信息来登录账户，对客户来说极具吸引力。自助设备可以识别客户的身份，还可以根据面部识别的数字看板，识别客户的性别、年龄、情绪，为消费者提供更为个性化的使用体验。将个性化、按需定制、隐私条例和安全保障结合起来，对建立良好的自助服务体系大有帮助。

第二节　金融科技革新获客渠道

一、金融科技助力获客渠道多元化

伴随5G的发展、生物特征识别的普遍应用，银行不再局限于传统渠道，而是将获客触角延伸至目标客户群所集中的事务性场景。金融科技革新获客渠道成为私人银行获客管理的“新式武器”——在客户最关注的情景中，用客户最易理解的场景语言，通过金融手段来解决其面临的场景难题。包括留学、移民、早教、孕产、医疗、高尔夫、商学院等在内的事务性场景需求，都会天然地与各类金融产品相关联，仅仅靠理财顾问是远远不够的，我们还需要整合渠道、市场、品牌和产品等资源，将既有的金融产品进行场景包装，让产品成为客户在“此情此景”中恰好需要的那一款，完成场景获客的转型。

移动端的应用，促使多场景获客变成可能。以移动终端为例，包括智能手机、平板电脑等在内的移动工具，运用蓝牙、红外、NFC（近场通信）、RFID（射频识别）等技术，通过移动通信网络，实现资金由支付方转移到收款方。对多场景的识别与信息整合，突破传统获客模式，创新获客渠道，成为私人银行发展的内在动力。利用金融科技手段，不断优化迭代升级，能够适应银行场景下的金融科技理念——以赋能渠道B端、帮助渠道裂变C端的商业模式，连接渠道场景与客户，在产品、获客等方面与银行展开深度合作。

MGM获客（客户推荐客户）是一种新型的裂变式获客方式——通过客户推荐，拓展高净值客户范围，挖掘私人银行客户的潜在价值，提升私人银行的周边影响力，同时搭建一套天然的客户关系网络图谱，未来在更加深入的场景分析中发挥作用。在这种获客模式中，获客场景的核心发生了变化，由银行转变为客户，尤其是对银行忠诚度高、认可度高的客户具备推荐朋友成为银行客户的基本条件，这将有利于银行获取更多高认可度的高净值客户。

二、金融科技有助于整合营销和销售资源

金融科技还能助力私人银行实现多渠道整合营销，即在充分分析客户购物旅程的前提下，整合各种营销和销售渠道。互联网时代，银行物理网点的触达能力已大大减弱，将业务发展渗透到客户工作生活的各个环节，借助外部渠道的优质流量来提升银行的获客能力，成为银行提升竞争力的重要手段之一。私人银行将通过与各种外部渠道的合作，依托技术手段，持续评估每个渠道的获客效能和客户质量，不断调配与渠道合作的内部资源，建立渠道优选机制，形成外部渠道之间的竞争模式，促使外部渠道自发地为银行输送优质客户资源。以客户数据为主线串联营销触点来形成整合营销的模式，建立客户体验、成本、营销效果的最优引流通道，有利于形成线上和线下的流量共享。

跨界合作是一种以客户数据作为核心资产的联合营销。相比传统的企业—供应商的甲乙方模式，联合营销采取的是企业—企业的资源整合模式，企业不再独立作战，而是拼合双方的营销资源和客户资源——选择双方有相似画像的资源，带给客户新的服务附加价值。合作企业之间具有类似的品牌价值，通常可以实现行业上下游的联合营销，广告投入的总体成本不高，但覆盖面更广。这种方式的难点是筛选跨界合作伙伴，并且找到客户切入点。从数据营销的角度，我们可以通过第三方的数据分析工具，在对自身客户关注点和跨界关注品牌有清晰认识的基础

上，找这些合作伙伴进行商务谈判。例如，苹果产品的分期付款就是一个典型的跨界合作案例，它以体验初级金融产品为切入口，引入高端消费品潜力客户群。通过与电商合作、交换资源，资金不再是最重要的核心资源，客户数据才是双方合作的基础，客户数据在跨界合作中通过数据营销工具变现为客户流量。

智能手机和平板电脑将会成为挖掘商机的最佳工具。手机之所以能成为人们挖掘商机的首选渠道，一个重要原因就是情景化。在网络时代和社交媒体时代，更智能的用户体验衍生出许多概念，例如个人市场、个性化、内容定制和关联性等。这些概念使最终用户的体验得到了优化，而手机又将这种优化推向了全新高度。突然之间，时间和地点与用户体验联系起来，一种结合了特定时间和特定地点的特殊客户体验诞生了。金融服务的重点也将转向客户的地理位置，以及客户为什么需要银行产品与服务。

大数据在金融领域的应用主要包括客户画像和精准引流。客户画像分为个人客户画像和企业客户画像：个人客户画像包括人口统计学特征、消费能力数据、兴趣数据、风险偏好等；企业客户画像包括企业的生产、流通、运营、财务、销售和客户数据，以及相关产业链上下游的数据。进行客户画像，企业就可以根据不同的产品及服务需求将客户群进行细分，在营销时实现广告推送、产品介绍的精准定向，从而更大概率地引流成功。平台化或生态化经营是目前大型企业扩展业务、实现规模经济的重要方式。随着金融科技的发展，金融企业可利用大数据、云计算、人工智能、区块链等新兴技术，打造金融平台及金融生态，拓宽获客渠道，通过为客户提供更综合的金融服务，增强客户黏性。金融科技成为传统金融企业在用户引流、内部迁徙、客户维护等方面的重要抓手。科技把更多的线下场景挖掘出来，让更多的非网点实现网点化并变成银行与客户面对面交流的触点。

第三节　金融科技颠覆传统业务模式

一、金融科技打破传统的内生环节

在银行业面临的所有挑战中，金融科技产业或金融科技的成长是独一无二的。在未来的4～8年里，机器人和人工智能将彻底颠覆银行业务。这些技术有能力从根本上改变银行与客户沟通、了解自身应该提供何种服务等方面的运作模式。

以前，银行机构的产品及服务是内生的，从产品设计到风险管理、财务监督，再到客户、机构、经验反馈，都是银行内部的产业链。金融科技的出现打破了这个内生的环节，并将其外生化、商品化。当前，这个封闭的产业链被一条条外部产业链切入和肢解了，银行的服务过程变成了外部社会的合作过程。金融科技把这个产业链拉长、变细。在信息技术与财富管理各环节的碰撞中，科技与金融的融合层层深入，覆盖从前台的销售、中台的投研到后台的管理等财富管理各个场景。在产业链前端，智能化销售前台将逐步在规模、效率、体验等方面实现更大的突破；在产业链中端，智能化投研将逐步在自动化、规模化、智能化、自我优化等方面持续发力；在产业链后端，智能化运维系统正逐步向着实现一站式员工、产品、客户的管理迈进。

科技会支持和完善人类的能力。一位拥有万元资产的客户可能会把钱交给一台机器管理，但一位拥有一笔七位数巨款的客户，将需要专业人士提供意见，这种关系顾问的重要角色绝对不会消失。然而，其他一些工作职能将会消失——银行自动化程度越高，机器人代替人工完成的工作就会越多。

随着商业银行对金融科技的探索与实践，“前台场景化、中台智能化、后台云化”已成为未来一段时间商业银行实现互联网转型创新的重要方向——在各种场景中职能化挖掘客户个性需求，迅速通过模块化组合研发并匹配相应产品；借助数据积累、模型优化和机器学习技术，在信贷与风险管理、金融市场与投资银行、资产负债等多个维度实现智能化推演；相比投入较大的传统计算能力，云计算提供了大数据运算能力，让计算更加高效、更加快捷。

二、AI技术颠覆传统业务模式

AI（人工智能）技术的引入，使客户服务更加智能，客户体验更加良好。利用大数据、深度学习、强化学习等人工智能技术，银行能够进行产品智能诊断与推荐，打造客户金融服务从产品创设到产品目标人群定位，再到产品多渠道销售、权益预约与使用的流程闭环。银行不仅可以借助网站、社交媒体等实现与客户的实时互动，更能借助“金融+非金融”生态数据圈对客户进行精准画像和产品匹配。基于大数据分析的精准营销实现了客户群的精准分层和个性化定位。

AI技术驱动了大量金融科技公司崛起，这些公司凭借其技术优势能够快速、高效切入金融业务。金融科技公司既能够提供2C（面向普通用户）业务直接服务投资者，也能够凭借技术方案进行2B（面向企业客户）的赋能输出。同时，互联网金融浪潮下崛起的蚂蚁金服、微众银行、众安保险也在科技布局中不断增加AI技术投入，例如蚂蚁财富号推出的“千人千面”工具，能根据用户的风险偏好、风格偏好等特点，并结合当下的市场行情，为不同投资偏好的用户设计不同的投资组合，实现人们常说的“私人定制”目标。

而在新兴金融科技公司的挑战与竞争下，传统金融机构也在不断发力。在美国，资产管理巨头Blackrock收购了新兴智能投顾公司Future Advisor；高盛也大量收购新兴金融科技公司，通过投资智能金融分析工具Kensho提高员工的业务效率，同时开发智能投顾平台Honest Dollar，服务资产在100万美元或以下的“大众富裕阶层”。在国内，诸如招行、工行、平安保险等金融机构也在积极布局金融科技，推出摩羯智投、AI投、智能财富管家等新产品与金融科技公司竞争。特别值得指出的是，头部金融结构营收规模大，因此其相应技术支出规模相当可观（平安科技、工行、建行等机构每年单家技术投入可达近100亿元），技术能力上升也很快。

金融科技公司正在和传统金融机构深度合作，以扬长避短并相互扩展能力边界。金融科技之所以能成为金融行业的创新元素，是因为与广告、媒体、制造业等一样，数字化是金融行业的未来趋势。金融科技企业能基于互联网触达客户，并利用数据充分理解客户需求，识别量化客户风险，从而降低金融服务成本，提升服务效率。银行、证券等传统金融机构的优势在于：拥有庞大的客户数量和金融资源，其产品设计能力强，金融业务经验丰富，对风险和监管有深刻的理解。其劣势在于：技术创新能力较差，效率不高。通过金融科技公司的技术赋能，它们能够不断提高经营效率，实现降本增效，扩大金融市场规模。

技术正在高速更迭，金融业作为一个有着完备数据积累的行业，为AI落地提供了肥沃的土壤。长期来看，我们仍看好大数据结合AI的技术创新，它可能驱动金融的商业模式创新，进而给行业带来颠覆性变革。当前AI 技术正由弱向强不断演进，日新月异。未来AI技术的突破有可能驱动新一轮的金融创新，解决银行业、投顾、证券、保险等市场存在的业务痛点，从而大幅改变现有的金融生态。

AI技术有望解决传统金融机构成本高、和客户互动不足、风险控制滞后等痛点。大量传统金融机构存在成本高企、难以触达客户、服务质量和效率差，以及不知如何有效、快速、低成本地控制风险的痛点。传统金融机构的扩张非常依赖于线下网点的布局和人工服务：一方面，这使得金融机构的服务能力受时间和空间限制，扩张能力不足；另一方面，这需要金融机构承担更高的人力和运营成本，限制了金融机构经营效益的提升。传统金融机构和客户主要通过线下网点进行面对面的互动，这显然不符合目前客户触网时间较长、访问金融网点频次下降的趋势。另外，金融机构内部会产生大量实名的行为数据，以及来自合作伙伴和公开渠道的数据，但传统金融机构很难对这些海量、非结构化的数据进行有效利用。

以AI为代表的新一代信息技术，有望凭借对信息数据的理解和处理能力，大幅提高金融机构的服务效率和服务质量，从而不断拓展金融业务的广度和深度。自信息革命以来，金融系统中的销售渠道、客户画像、产品支付、风险控制等各环节都享受到了巨大的数字化红利。不管是客户的资产特征、需求状况、风险偏好，还是金融机构触达客户、销售产品的方式，都通过线上实时便捷地实现了数字化。以AI技术为代表的信息数据处理能力使得金融机构能够更充分地挖掘数据的内涵和理解客户的特征，从而不断提高金融产品与客户需求的匹配程度，为用户创造更多的金融价值，提高经营效益。

在金融行业，大量非结构化数据逐渐开始应用AI技术。传统金融机构的展业非常依赖于结构化的个人资产、市场交易等金融数据，金融机构对客户和金融产品的风险理解能力也受到数据规模和数据质量的影响。而AI技术的诞生，使得大量社交、电商、市场舆情、物流等非结构化数据能够逐渐被理解应用，帮助金融机构更好地分析金融风险，匹配资金需求，从而不断提升金融机构的核心业务价值。

三、AI技术在金融领域的应用新场景

AI技术可以应用于多种金融场景，常见的场景有智能投顾、智能服务、智能支付、智能理赔、智能营销、智能投研、智能风险控制等。比如，对于私人银行来说，智能投顾聚焦于个人理财投资，能够有效降低交易成本并提升服务体验，通过投资期限、风险偏好、回报预期等维度，运用AI相关技术形成个性化的资产配置方案，同时辅以营销咨询、资讯推送等增值服务，相较于传统理财管理费率普遍降低80%，门槛由百万元以上降低至一万元左右。智能投顾在应用落地过程中不仅需要良好的算法平台与技术体系支撑，更需要对大量行业与用户行为数据进行收集处理。国内互联网科技巨头与金融机构分别在技术端和数据端发力，结合各自优势，推出了符合中国客户的个性化产品。

AI在金融行业应用还受限于人才储备、金融场景理解、数据积累等主要壁垒。我国AI方面的人才培养时间不长，学术界以及产业界的高端AI技术人才十分稀缺，因此拥有此类高端人才是推动企业快速发展的核心因素。想要实现技术的更好落地，我们还需要对金融场景有深刻的认知，而对金融行业有深入了解的业内专家可以促使企业开发的AI技术更好地满足金融场景的实际落地要求及监管规定。数据积累是基石，拥有海量优质的金融数据将成为提升自身实力的重要基础。

以AI为代表的新科技与传统金融的结合将促使未来的金融服务更

具普惠性。长期以来，由于金融行业中存在着诸如信息不对称、获客成本高以及风险不可控等问题，仅大中型企业和富裕的个人可以享受到优质服务，而广大小微企业和长尾客户的金融需求并没有得到满足。随着人工智能等相关技术的不断发展和成熟，金融行业的服务模式在未来将发生巨大变化，新科技的应用可以使得金融机构的服务触及更多尚未覆盖的群体，同时降低金融机构的服务与运营成本，让客户获得更加优质且成本低廉的产品与服务，进一步提升用户的满意度，最终实现全社会福利水平的提高。强化科技监管将成为规范金融行业未来发展的必然选择，科技将成为未来金融行业得以持续发展的核心驱动力，而以AI为代表的新技术一方面给金融机构带来巨大效益，另一方面由于存在“黑箱”等问题，使得监管机构面临更大的挑战。从国外的监管经验来看，美国和英国在机构设置上均做出了一些改革。以英国为例，英国的金融行为监管局（FCA）独立于央行，其主要关注前瞻性风险，帮助企业开展合规创新，探索有利于行业发展的长远解决方案。中国在未来的金融监管上可以借鉴国外一些成熟的理念，在此基础上结合自身国情进行创新。

四、AI技术在金融领域的应用价值

AI是新一轮科技革命和产业革命的重要驱动力量，加快发展新一代AI是事关我国能否抓住新一轮革命机遇的战略问题。2017年国务院印发的《新一代人工智能发展规划》明确提出：发展智能金融，建立金融大数据系统，提升金融多媒体数据处理与理解能力，创新智能金融产品和服务，发展金融新业态；鼓励金融行业应用智能客服、智能监控等技术和装备；建立金融风险智能预警与防控系统。AI技术综合运用金融科技的大数据、云计算、区块链等技术，为未来金融业发展提供无限可能，是对现有金融科技应用的进化与升级，将会在金融行业产生颠覆性变革。专门研究智能金融有利于跟踪世界AI技术与金融业融合的应用开发场景，有利于加强金融行业的适应性、竞争力和普惠性，极大地提高金融机构识别和防控风险的能力和效率。

发展AI具有重要意义和积极作用，有利于推动金融机构提高效率与降低成本：智能身份识别可提高准确度与效率；智能信贷可缩短审核时间；智能客服机器人可降低人力成本；精准营销可降低获客成本，提高营销效率和业绩；智能理赔可减少查勘定损人员工作量；智能运营可降低成本，大幅提高业务流程的处理效率，有利于增强金融产品和服务的灵活性、适应性与普惠性，比如智能投顾将门槛由100万元降低到0元，普通投资者也能享受到投资顾问服务。通过智能金融产品与服务的创新，金融机构能够让消费者获得更好、更广的金融服务，有利于提高其风险防控能力，即利用智能风险控制技术做到事前风险预警、防止欺诈，保护用户资金安全，大幅降低机构与客户的风险损失。监管机构利用智能金融监管，可以大幅全面提高防范风险的能力。

未来，金融机构在智能营销领域将继续挖掘自身能力，搭建服务平台，寻求合作，持续发展，主要体现在以下三个方面。一是大数据和AI技术将成为金融营销产业各方的共同发展方向。金融智能营销市场产业链通过AI技术的连接，使每个环节相互联动，而联动的基础则是用户产生的各种数据。金融机构、第三方企业和营销内容投放平台通过收集这些数据形成对用户的多维画像，这将有利于提高金融服务的触达效率。二是金融机构依托外部技术支持，深度挖掘自有数据价值。金融机构积累了大量一手用户数据，具有非常大的营销价值，但其技术基础薄弱，向第三方服务商寻求技术支持成为其普遍做法，因此形成了智能营销的金融产业链合作模式。三是第三方服务商不断优化关键技术，积极搭建智能营销平台。相比金融机构，第三方服务商没有直接的金融产品或用户数据源，因此技术是其在产业链中的核心竞争力。

五、AI技术之智能客服

智能客服是建立在大规模知识库处理基础上的自动应答引擎，提供基于语义的智能应答服务。传统以人工为主的客户服务体系面临着运营成本高、专业客服培训成本高、人工客服的重复性解答耗能高等问题，智能客服能通过自学实现智能知识库的优化和完善，帮助客户在最短的时间内定位和解决问题，从而提高金融机构的服务效率。

智能投顾，又称机器人投顾，是指运用AI算法，根据投资者风险偏好、财务状况和收益目标，结合现代投资组合理论等金融模型，为用户自动生成个性化的资产配置建议，并实现持续跟踪和动态再平衡调整。与传统的人工投资顾问服务不同，智能投顾具有以下四个优势。第一，提供高效、便捷的广泛投资咨询服务。智能投顾依托于互联网和App（手机应用程序），能够7×24小时响应大面积的客户需求，提供不间断的智能化财富管理专属服务。第二，具有低投资门槛、低费率和高透明度的特点。智能投顾平台主要以中产阶级和低净值普通客户为主，对资金要求不超过10万元。智能投顾对金融产品选择范围和收取的费用明细等信息充分披露，且客户可通过其获取实时的账户诊断报告。第三，克服投资主观情绪化，实现投资的高度客观化和分散化。智能投顾平台根据内在的算法策略模块运行，提出最优的资产组合配置方案。第四，提供个性化财富管理服务和丰富的定制化场景。智能投顾平台能够为用户提供个性化的风险测评，并依托背后的大数据和云计算平台，做到个性化财富管理。传统金融机构具有先天的强大研究或销售能力，能够整合集团资源、客户基础和技术平台，提供面向全球市场的各类金融资产的大类资产配置服务。智能投顾类创新产品的出现使商业银行的产品丰富度大大提高，且差异化资产配置服务远优于线下的零售服务，让客户有更多选择空间。

智能投顾服务在未来有两种发展模式：一种是提供相对标准化、简易化、易于理解的投资产品，满足投资者同质化的投资需求，适合互联网金融公司和初创型公司；另一种是利用线下投资顾问数量多、营业网点布局广泛等优势，通过“线上+线下”相结合的方式来满足投资者个性化的投资需求，适合传统金融机构。

智能平台是金融机构在智能化时代提升服务、改造流程、转型升级的核心引擎，也是AI创新应用的重要方向。有的商业银行全面实施智慧银行信息系统转型工程，聚焦重点业务领域实现产品整合、流程联动和信息共享，构建云计算、大数据和AI三大技术平台，持续为上层应用提供丰富、多维度的智能服务，建立了“多渠道受理、总行集中、前中后台一体化”的集约化运营服务体系。AI技术应用正处在从金融业务外围向核心渗透的过渡阶段，发展潜力巨大。

身处“互联网+”时代，私人银行业务在获客、渠道、产品服务等方面，面临着竞争方式和竞争格局的逐渐改变，未来业务模式将会呈现垂直化的专业分工。客户获取碎片化：金融机构不仅要满足客户的金融需求，还要通过满足客户的生活诉求在不同的生活场景中获客。每一个生活场景都是一个不同的垂直行业，例如高端医疗、移民机构等，不同机构掌握不同的场景，也掌握着不同的客户入口。服务渠道网格化：每个金融机构都拥有多种服务渠道，但很难做到所有渠道面面俱到，因此机构之间的渠道合作与共享是最为快速和经济的方式，它能构建一张金融机构和非金融机构复杂交错的渠道网络。产品服务整合化：为了实现更快的应变创新和更低成本的交付，金融机构不得不将内外部的产品开发、服务设计、流程、技术、数据等全面整合，以整体提升产品服务运营能力。

创新的业务模式不断出现。在对客户进一步分析挖掘和细分后，私人银行业务的渠道、产品、服务、流程均围绕特定客户群的特点进行设计和组织。私人银行业务需要在客户、产品、渠道等不同要素上寻求差异化定位，不断提升客户群深耕、渠道创新、产品专家服务、生态整合的能力。渠道创新的核心在于，通过便利和良好的渠道体验实现差异化。生态整合的私人银行体验一定是卓越的，它能充分整合自身与外部的产品、服务、渠道、后台等，实现金融与非金融的融合。虽然资源有限，但是机制灵活，我们有必要对私人银行相关业务进行取舍，通过在客户群、渠道、产品、技术等领域的选择真正打造差异化的业务模式和交付模式。

从传统销售模式到新型营销模式的转变，要求推送式营销也必须转变为客户主动式、以点带面的服务式营销。第一个阶段，应用普及以点带面。随着5G技术的普及，在消费者与商家互动的销售流程中，银行可以随时以提供服务或支付服务的形式介入，比如在订机票的页面中提供出国金融服务，或在汽车经销商网站提供汽车贷款等，服务的速度和植入的准确性是关键因素。第二个阶段，预测销售或触发式营销。银行可以根据对客户分析的结果预测客户需求，在目标客户出现时做出更好的回应，找出潜在机会以及可能发生的事件，让营销计划立即跟上。第三个阶段，预先销售。随着IP（无连接分组通信协议技术）技术不断进步，销售终端设备也会接入云端或与手机应用整合。银行可以在卡片、芯片或手机支付过程中开展营销，即通过客户行为分析，理解客户需求，进行目标配对，提出方案，以事件触发的方式将信息送达，让客户在场景中触发消费；同时做出实时反馈，以预先销售引发以点带面的营销活动。做到这些，需要新思维和新人才，银行需要把一半的营销人员部署在互动或数字渠道上，利用数据来开展营销，以理解客户消费的动机和方式为基础，在客户需要时将促销信息以适合的渠道和方式传递给他们。

第四节　金融科技优化客户体验

一、客户需要更加便捷、贴心的金融服务

未来，各家私人银行的竞争关键点必将是对金融客户的竞争，这就意味着客户体验成为衡量私人银行业务服务水平的核心指标。向客户提供服务的客户经理和无线秘书的结合，可以在一定程度上提升服务内涵。此外，大数据技术的成熟应用也为私人银行业务的个性化和智能化提供了更多的发展可能，银行业可以借鉴和吸收互联网科技平台运作的成功经验，借力金融科技重塑模式，打造数字化私人银行的新生态系统。

（一）技术应用创新

移动端客户的大量使用，为金融行业的科技应用创新提供了非常大的发展空间。银行利用技术力量武装客户经理，将支持客户经理更全

面、更智能地为客户提供金融和非金融服务，比如：智能提醒、智能推荐和智能联动等，都能在移动客户端表现出超人的服务能力，增强客户体验。而在财富管理领域，移动客户端的出现则让“面对面”服务不再是必需品。传统的客户管理模式需要极高的人力成本，而基于移动计算的智能投资顾问模式则能够做到以极低的边际成本、时间成本为客户提供个性化和多元化的财富产品推荐。智能投资顾问能够通过跨界合作，将这些移动计算资源整合在一起，为消费者提供以数据和算法为基础的现代金融服务和产品。同时，新技术的应用和引入，能够在很大程度上刷新客户支付体验，同时提供智能投顾、智能客户服务等“千人千面”的智能服务。

未来，银行还可以进一步运用大数据、人工智能、生物识别等技术，提升客户营销的智能化和人性化，大幅改善客户体验，借助大数据平台和精准营销逐步实现“一户一策”的智能化服务。

（二）跨界合作

在银行业务高度急需整合的当下，客户关注的重点不是去哪儿办理业务，而是如何办理业务。如果一个客户想随时随地通过最佳方式拥有银行产品与服务，而我们又能即时满足他的这种需求，那么我们肯定会赢得客户的高度认可。只不过，当代银行的系统覆盖限制了我们随时随地以最佳方式为客户提供服务的能力。而要做到让客户在需要时即能够获得相应周到的银行服务，我们就需要大量的、跨行业的合作伙伴。

私人银行与其他泛金融机构和非金融企业的跨界合作，将在很大程度上提升私人银行客户的营销能力。银行可以提供产品、交易与支付平台，在与各类泛金融机构的合作方面，可以共同研发具有特色且适合互联网应用的金融产品；在与非金融企业合作方面，私人银行可与各类互联网商务企业开展合作，广泛布局金融业务场景，探索与电信运营商、手机生产商的合作，实现客户营销的功能前移；在与企业移动方案提供商及实体商家开展合作方面，可以实现批量获客，并形成可复制、可推广的合作模式。

如果银行业务能够与其他泛金融机构或非金融企业的业务应用和客户使用场景高度整合，那么这将会极大地提升客户感知，实现合作伙伴间的资源共享和成本分摊。比如，将购房的过程与贷款业务一体化，我们将能够实现在为客户提供便捷服务的同时降低人力成本；旅游网站可以为客户提供私人银行的旅游贷款服务，增加私人银行的贷款产品销售渠道。

二、金融科技的进一步应用，助力构建数字化生态系统

依托金融科技的广泛应用，银行可以打造远程运营中心，搭建以手机App为中心的财富管理O2O（线上线下）模式，还可以借助无卡虚拟电子账户，通过移动互联网渠道和大数据技术，搭建获取大众客户的移动互联平台。

在如何构建数字渠道，建立有建设性、有意义的客户关系方面，手机银行的日常交互能力达到了一个全新的高度。其中，移动银行和移动支付可以在客户消费的重要时刻（包括消费前、消费中和消费后），为消费者提供交易手段与交易背景信息。此外，在客户茶余饭后使用时，网上银行可以提供智能的个人理财规划。手机银行如果能够对客户每天的日常消费提出实时智能消费建议，则可以大大扩展自身对客户的意

义。同时，银行可以利用客户的消费背景信息，通过灵活的信息应用方式，发挥广泛的业务影响能力。

未来，随着国内财富管理行业的快速发展，银行业将凭借其灵活的机制及运营模式，打造完善、全面、让客户信得过的私人银行业务体系，满足客户对贴心财务管家式私人业务的服务需求，建设以客户旅程为中心的敏捷金融能力，利用金融科技赋能下的“开放技术能力”、“开放平台获客能力”以及“开放产品创新能力”提升生态服务能力，发挥智能金融新动能、新突破和新格局的力量。

“互联网+”的金融生态系统的布局，正在运用互联网思维和技术推进私人银行业务流程再造，构建以客户为中心的金融生态系统，旨在为客户提供更为个性化和更优的服务体验，构建全方位的金融服务生态系统环境，进一步实现从维护客户到通过构建平台生态连接客户、从金融产品销售到数字化产品运营、从经营金融自场景到经营“金融+非金融”综合场景、从封闭的经营体系到金融服务的无界开放。

三、AI等创新科技的引入增强了对客服务能力，提高了客户感知度

在金融领域，为客户提供细心周到的服务是增强客户黏性的关键。而随着流量的不断增加，仅仅依靠人工难以覆盖众多的客户服务需求。展望未来，商业银行要想真正实现了解客户、提升服务效率和效能，就必须提高“智商”水平，具备“智慧”的大脑，构建真正的“智慧银行”。

而“智慧银行”的本质，其实是一系列面向客户端的科技应用创新，包含大量2C端的科技能力，例如移动互联网、社交化、AI人工智

能、机器学习、人脸识别、指纹识别、语音识别、图像识别、区块链等。这些技术融合在2C端的服务与应用过程中，通过数字化的技术手段和智能化的服务，向客户提供最佳的客户体验。

（一）生物识别技术

在AI技术蓬勃发展的现阶段，金融行业的各方参与者都在尝试通过AI技术，对金融产品研发、运营效率提升、客户服务水平、风险控制等阶段进行赋能。其中，AI技术中的生物识别技术，是指利用人类生物特征（如人脸、指纹、虹膜、声纹等），通过AI算法对个人身份进行鉴别的技术。当前，生物识别技术公司参与者主要包括BAT（百度、阿里巴巴、腾讯）等互联网巨头、科研产业化机构中科虹霸及科大讯飞、海康威视等传统应用行业公司。

（二）生物识别技术在金融业务场景中的广泛应用

在远程开户、刷脸取款、转账交易等客户服务应用场景下，客户可以按照指令提示进行操作，移动面部或做出特定表情就能完成开户、取款等操作的验证。2017年10月，中国农业银行在柜面推出“刷脸取款”服务，即客户通过农行ATM机（自动取款机）的人脸识别功能进行身份验证，无须银行卡即可完成取款。2018年4月，中国银行推出了网上银行、手机银行、中银易商等全电子渠道的个人远程开户服务。只不过，由于人脸识别技术尚未完全成熟，在金融服务过程中仍需要人工介入进行核对，因此多项应用还未在行业中进行全面推广。

在客户身份确认、VIP 客户（贵宾客户）识别等客户关系管理的应用场景中，AI技术极大地提升了管理效率，增强了客户分类的准确度，通过高效捕捉客户信息提升了个性化服务水平。其中，平安集团金融科技实验室专注 AI 的金融领域应用研发，其产品运用人像识别技术，对指定银行区域进行整体监控，通过识别人物行为，在提升银行物理区域安全性的同时，提升了客户关系管理效率，为客户个性化服务提供基础。只不过因为当前的技术成本问题，该技术在各银行管理系统中还未见大规模应用。

在第三方支付场景方面，生物识别技术能创造更安全便捷的用户体验，存在颠覆现有二维码支付技术的可能性，例如：苹果在iPhone X这款手机中已经抛弃了原有的指纹识别功能并推出人脸识别功能；在支付领域，支付宝、京东支付等已实现了不依赖条码的“刷脸支付”，支付宝宣布在肯德基的KPRO（肯德基升级版经营模式）餐厅上线“刷脸支付”，京东线下的京东之家体验店的“刷脸支付”功能也已投入运用。

在客户服务方面，智能客服在金融领域的售前场景应用可以显著提升电话销售的服务效率，并在信息捕捉、数据收集、智能记忆方面有着人工客服不可比拟的优势。

综合以上应用场景分析，AI技术可以极大地赋能传统客服产业链，突破当前的资金、人才和行业服务经验的门槛。值得一提的是，相比传统方式，将生物识别技术运用于金融服务会极大地提升金融服务和内部管理效率，带来更流畅的用户体验，实现更精准的内部管理。

第五节 数字化转型的基本趋势

一、5G时代的私人银行业务发展趋势

伴随着5G商用牌照的落地，各大银行对5G的热情空前高涨，摩拳擦掌引入5G技术，为抢占未来市场积极地做准备。目前，五大行均与三大电信运营商开展合作。其中，中国农业银行最早行动，目标聚焦通信消费市场；中国工商银行推出首个5G网络营业网点，建行等紧随其后；股份制银行对此亦极为重视，部分银行甚至表示将其上升到全行战略的高度；中小型银行也正紧锣密鼓地开展5G技术相关合作。银行业作为国民经济命脉，更需要紧跟国家战略，适应时代变革，加快数字化、智慧化、移动化的转型，把握“数字经济”时代的战略机遇。

5G是第五代移动通信网络技术，相较4G而言，核心优势在于更高速率、更低延时、更大容量和更高移动性。业内人士认为，4G之前是通信能力量变的过程，而5G技术即将实现通信能力的质变，实现真正意义的融合性网络。作为移动互联网的基础技术，5G并不会直接对银行业产生影响，而是提供了新的技术可能。结合大数据、人工智能、区块链、云计算、物联网等应用科技，通过量化模型、大数据分析、智能投顾等金融服务间接带动银行业务，这才是5G技术大显身手的关键。

随着各种屏幕技术、网络、地理信息的发展，环境感知技术将这一切整合在一起，客户的行为模式发生剧变，银行业务的核心将是了解消费者到底需要怎样的银行业务，从而有针对性地为其交易和金融活动提供便利。智能手机、社交媒体、永久在线的IP网络和无线连接技术将缩短科技普及的周期，银行应善于利用这些新技术，更好地弥合消费者

行为与产业之间的鸿沟，为客户提供良好的虚拟和数字渠道，随时随地满足他们的资金需求。银行的角色逐渐转型为服务机构，在客户互动场景方面不断创新、不断尝试。

未来，大部分网络服务将走向云端，与IP技术紧密结合起来。在终端销售系统、商务整合及卡片支付领域，刷卡模式正在转变为触控模式，电子钱包正在全面威胁传统刷卡模式。随着银行业务变得以核心功能和随时随地满足客户需求为导向，以云平台为基础设计产品、提供服务并实现业务流程，就成了建立互助型银行的关键。银行逐渐用算法操作和数据导向决策取代相关的人力资源，知识版权也会逐渐代码化，系统中的数据以及为顾客提供解决方案的能力将不再以网点、产品或交易平台为中心。要充分发挥它们的作用，银行必须依靠云平台，因为传统平台将会对灵活操作、开展竞争和客户接洽等构成障碍。“私有云”服务出现的首要原因就是将内部流程和整个企业系统标准化，并按需求的高低灵活调整平台规模，为客户和合作方提供灵活性的整合应用。

经过十几年的高速发展，传统银行业的垄断优势逐渐模糊，而诸如业务模式单一、组织效率低下、运营成本增加、创新动力不足等问题反而愈加凸显。与此同时，新兴金融科技公司异军突起，依靠金融科技显著降低运营成本，结合以客户服务为中心的互联网属性，配合人工智能、量化模型等技术手段，在以迅雷不及掩耳之势分割传统商业银行市场，尤其是原先商业银行无暇顾及的长尾客户。放眼全球，数字技术正在不遗余力地重塑金融服务和产品，5G技术等带来的技术革命更是加速了行业升级的步伐。换言之，金融科技对商业银行的影响是触及根本的、不可逆转的，商业银行转型势在必行。

二、5G助力私人银行业务转型升级

私人银行业务作为商业银行零售服务的顶级品牌，通常被视为国际一流商业银行综合竞争实力的标志。对于商业银行来说，私人银行不仅是全量零售客户的“塔尖方阵”，随着银行转型的纵深推进，更是零售业务发展突破的“护卫舰”。一方面，高净值客户除了零售业务，在投行业务、对公业务方面有天然的联动作用，并且兼具客户黏性高、品牌外溢明显等特点，对银行零售业务的推进作用不言而喻；另一方面，私人银行业务本身具有资本占用小、收入贡献大、抗周期性强等特点，极大地助力了银行零售业务转型。

客户服务始终是私人银行业务的核心内容。由于高净值客户的复杂性和金融需求的多元性，私人银行必须集合多项金融服务，提供综合性解决方案，“一站式”满足客户需求。为了实现一流的服务体验，传统私人银行业务虽竭尽全力，仍不免受时间、空间、服务范围等限制，线上提供智能支持也难以从根本上解决复杂问题。以5G为首的金融科技横空出世，对内集结资深专家、凝聚全行尖端资源，对外通过零延时、沉浸式、高清晰的互动体验，实现打破时空束缚的“零距离”专业金融服务。

私人银行作为经营者，打造金融功能完整强大的平台是毋庸置疑的。在数字时代，金融科技作为重要手段，是提升私人银行竞争力的关键。一是建立数字化联络协调机制，强化私人银行整合协同资源的能力，“撮合”各职能部门和业务条线的协同一致，实现客户和银行价值的最大化。二是围绕移动端加强队伍建设。万物互联的时代，移动渠道必将成为新的“战场”，私人银行必须坚持“以客户为中心”的核心服务意识，推动渠道场景化管理转型。三是重视队伍建设。技术的革新意味着对服务团队的更高要求，构建“职业化、专业化、知识化”的私人银行营销服务团队，必将全面提升私人银行队伍的客户价值创造能力和市场竞争力。

未来的金融，是广泛应用金融科技的金融。在金融行业内部，随着市场的发展、经济社会需求的变化、科技的进步，各具特色的金融业态将逐渐形成。人工智能的落地也是金融行业升级的机遇：客户最看重财富管理机构三方面的特质——产品风险控制能力、产品预期收益水平、具有便捷好用的客户交互系统，而财富管理机构可以借力人工智能，从客户、产品、风险控制、系统等四个层面打造核心竞争力。

第八章

私人银行高效发展策略

第一节 专业化、精细化、品牌化发展模式

一、专业化建设

私人银行要着力加强专业化建设。在“降杠杆、严监管”，资产配置全球化、多元化和客户投资服务需求多样化的大背景下，私人银行产品创新层出不穷，客观上要求私人银行一定要走专业化发展之路。《2018中国企业家家族传承白皮书》表明，65.5%的超高净值客户在选择家族传承服务机构时看重机构的专业能力。这和近期中国建设银行与波士顿咨询公司发布的中国私人银行市场发展报告中提出的“调研样本中的66%的高净值客户将听取专业机构意见，并将其作为自己最主要的投资决策方式”的研究结论不谋而合。就私人银行而言，专业化主要体现在以下四个方面。

一是要培养职业化、专业化、知识化的客户营销团队、投资服务团队、产品研发团队、风险管控团队、市场研究团队，让“专业的人做专业的事”，发挥好专业人才优势，有效提升综合服务能力。

二是要强化客户经营能力，紧紧围绕“以客户为中心”这一私人银行经营的核心理念，认真研究、分析、挖掘和引领客户需求，极度关注客户体验，着力培养和提升客户对服务的满足感、认同感，持续优化提升私人银行服务的“品位、品质、品牌”，想客户之所想，急客户之所急，这是取得客户信任、培养客户忠诚度的基础；同时，持续开展系统及流程优化，通过数字化转型提升经营及维护资产的能力。

三是通过专业赋能，打造提供综合解决方案的能力。综合解决方案是私人银行差异化市场竞争的重要体现，在财富传承、跨境金融等领域，有些银行已经形成初步优势，取得较好市场效果。新时代，私人银行业务要从客户需求出发，依托金融功能和优势能力，重点发展综合解决方案的设计、执行和交付能力，优化客户体验，用信念守护传承的温度。

四是要构建利于私人银行高效运行的专业化体制机制，按照财富管理业务发展规律，实行业务流程再造，强化产品的全生命周期管理，全面提升专业化运作能力。

二、精准化管理

私人银行发展需要实行精准化管理。精准化管理既是一门艺术，又是一种能力，更是一种思维方式和理念的变革。精准化管理既有助于提升产能，又有助于提高专业服务能力和提升客户忠诚度。私人银行应从四个方面提高精准化管理能力与水平。

一是工作要精准化。工作目标要细化，责任落实到人，设立完成进度表，同时要加强日常督导，以增强执行力和提高服务效率。

二是客户服务体系要精准化。客户服务无小事，应按照客户需求与价值进行分层管理，认真分析客户需求，按照专业化、个性化、差异化要求为客户提供精准服务。

三是客户需求分析要精准化。根据标签化、数据化的分析，多维度挖掘和引领客户需求，并据此推动产品研发、活动策划等流程，在经营过程中做到有的放矢，开展精准营销和服务。

四是产品管理要精准化。代销产品风险要细化，要有可控措施，强化督导检查，将内部检查常态化，注重整改工作质效，特别是对合格投资者销售要合规；私人银行已创设项目的投后管理要一户一策开展定期检视，绝不可放松风险防范底线。

三、品牌化发展

私人银行发展需要有效提升品牌化发展能力。品牌化竞争已经成为私人银行竞争的常态。品牌化策略的核心在于打造“私人银行特色产品”和“私人银行特色服务”。

一是要不遗余力地持续培养和提升客户服务能力，通过长期持续关注高净值客户需求特征，前瞻性地把握财富管理市场发展趋势，提升优质资产获取能力，在建立健全尽调体系、信评体系与投后管理体系的基础上，全面提升私人银行大类资产配置能力及产品筛选能力。

二是要切实履行好“以客户为中心”的理念，顺应客户需求，全面整合客户资源，大力开展产品与服务创新，有效提升综合服务能力、价值创造能力，持续提升有效满足客户需求和全面综合解决客户投资服务、家族传承问题的能力，增强客户体验。

三是要加强品牌宣传，塑造品牌形象。在不断完善全平台、差异化的产品与服务体系基础上，致力于打造有品位、高品质的品牌形象。一方面加强新媒体宣传，发布专业性高、影响力大的个性观点，培养品牌影响力；另一方面打造专属职业形象，统一标识、服装及服务规范等全方面的要求，塑造特色形象。

第二节 其他发展策略

一、差异化服务策略

私人银行发展需要践行差异化服务策略。20世纪90年代初期，差异化策略开始受到西方发达国家的成熟商业银行的重视。当代银行要想在竞争中居于优势地位，则必须制定一套“以客户为中心”的差异化服务策略。私人银行业务差异化服务策略是指，在产品、服务、品牌等方面与同业竞争对手存在区别，从而获得竞争优势。实施这一策略的重点在于，能够打造出客户认为独特的产品或服务，使得自身品牌形象凸显，获得客户认同，培养客户的忠诚度。

私人银行客户的差异化决定了私人银行业务差异化策略的重要性。私人银行业务服务的超高净值客户对产品和服务的品质、品位都有着高要求，追求尊享、定制化的个性服务。每一位私人银行客户及其背后的家庭、家族乃至企业的不同特性与需求，都需要私人银行提供量身打造的金融及非金融综合服务解决方案。差异化经营、特色化服务是私人银行在竞争中制胜的关键。

一是要分析和掌握客户需求。私人银行客户的需求包括金融需求、生活服务类需求与心理需求。金融需求包括资产管理、财富保护、财富传承等；生活服务类需求包括健康养生、旅游出行等生活品质需求；心理需求主要包括被尊重的需求及服务私密性的需求。只有从以上三个层次分析、总结客户的个性化需求，并量身打造综合性服务解决方案，私人银行业务差异化服务才能水到渠成。

二是要打造全平台、差异化的产品与服务体系。私人银行需要不断优化产品结构，借助内外部资源形成包括理财、保险、信托、基金等多平台供给的金融产品体系；探索建立创新机制，打造特色产品，坚定不移地推动家族信托与全权委托业务的持续发展；优化权益服务，把握趋势、顺应需求，以满足目标客户需求为方向，构建特色权益服务体系，深化与客户的长期互惠关系，做客户首选银行。

三是要坚持创新是第一生产力的理念。差异化竞争的优势源于不断的创新。践行差异化服务策略需要着力构建以新模式、新技术、新产品、新服务为核心的竞争优势，紧跟市场新趋势，洞察客户新需求，积极运用前沿技术设计新产品、推出新服务、创造新模式，形成差异化优势，引领行业发展。

二、离在岸一体化服务策略

随着金融服务、经济活动以及世界经济的全球化，金融的发展趋势必然是去疆界化。近年来，我国坚持建设开放型世界经济，走开放发展、互利共赢之路，逐步推出扩大金融业对外开放的有关举措。国内金融企业将更加方便、广泛地引进具有国际业务经验、市场优势的机构，促进业务创新、拓展、转型，从而有利于跨境业务的开展与资产的多元化配置。在此背景下，我国高净值人群开始越来越多地关注海外资产配置渠道，开展跨境投资，期望通过全球资产配置实现更为有效的风险分散。麦肯锡对高净值客户的调研结果显示，中国高净值人群中拥有海外资产的人群占比约为60%，且海外资产占整体管理资产的比例高达10%。私人银行离在岸一体化服务策略应运而生。

一是要强化在岸投资与服务能力。私人银行要顺应国内资产管理行业的发展趋势，迎接资管新规带来的机遇与挑战，由单一产品销售者向“个人+家庭+企业”综合服务方案的提供者转变，提升个性化定制需求的满足能力与多元化资产的配置能力。

二是要建立离岸投资与服务能力。私人银行要依托海外分支机构，借力属地化的私人银行投资与服务团队，为境内客户打理海外资产，提供跨境综合服务；拓展境内外专家资源，为高净值客户的境内外资产统筹管理、税务筹划提供专业支持。

三是要进一步强化风险控制能力。全球化、无边界的跨境金融服务容易放大风险效应，在开展离在岸一体化服务时，私人银行应进一步提升风险防控能力，充分利用大数据、云计算、人工智能等先进技术，全面探察交易对手风险数据，减少信息不对称带来的潜在风险；搭建更为有效的风险防控系统，提升风险识别、计量、防范、控制与管理能力。

三、打造多策略资产配置体系

私人银行要围绕客户的“真正价值需求”构建产品持续创新、多策略资产配置体系。中国建设银行与波士顿咨询公司发布的中国私人银行市场发展报告认为，未来私人银行业务的成功必须回归客户财富管理的本源价值，即要从客户需求的视角出发，实现财富的保值增值和资产的合理配置，而不是单纯地从银行的视角出发要求客户开立账户和购买产品。例如，针对现实中民营企业和中小企业融资难、融资贵问题，银行要充分发挥理财子公司的支柱和引领作用，在发挥好传统债券直接融资优势的基础上，稳步推进信用风险缓释工具创设，推动民营企业专项支持债券发行，利用和挖掘好民营优质企业永续债、基金债、ABS（资产证券化）等具有“稳杠杆”效能的债务融资工具投资价值，聚焦定向增发、可转债、可交换债等标准化偏股型资产的一、二级市场投资，全面提升私人银行支持和服务民营企业、中小企业发展的能力；要利用财富管理和私人银行客户全球化资产配置需求，通过海外发债、并购重组、海外上市等方式，实现客户资产在海外市场、新兴市场的布局和合理配置；要建立和完善理财产品的准入与退出机制，强化理财产品的全生命周期管理，形成“合意标准资产获取+合拍投资组合管理+合格理财产品销售”的全新业务链和价值链。

虽然与国际知名银行相比，目前国内银行的财富管理和私人银行业务尚处于初级阶段，银行理财业务发展也面临一些困难和问题，转型迫在眉睫，但困难和问题是暂时的，前景必将无限光明。只要国内银行真正全面落实好“以客户为中心”的服务理念，找准战略、策略与客户定位，把眼光更多地放在“回归本质、回归理性、提升内力、重建能力”上，走国际化、专业化、差异化、品牌化发展之路，我国银行的财富管理和私人银行业务的转型发展就能迎来绚丽灿烂的春天！

四、构建有竞争力的服务体系

一个有效率、有竞争力的服务体系，是私人银行克敌制胜的法宝。私人银行客户都是高净值客户，其金融服务需求和非金融服务需求多元，客户间的价值差异较大，对服务的品位和品质要求较高，因此私人银行服务体系建设要因地制宜、因人而异，体现服务的专业化、个性化、差异化。这不仅涉及管理文化、服务理念，而且包含着服务渠道、服务工具、服务流程、风险控制及运营体系、售后服务及客户投诉处理机制等。私人银行若要“竞争胜出”，则必须遵循“4A法则”——高效满足任何客户在任何时候和任何地方的任何需求，扬长避短，构建自身独具竞争力的服务体系。

一是要以“竞争导向”和“消费者心智”为基本点，挖掘客户金融服务需求，引导消费行为，提升客户的“理性消费”能力。

二是要以专业化、个性化、全球化为基础，将以多策略资产配置、全权委托、家族信托、家族办公室、税务规划、教育规划、法律咨询、文化时尚、健康养生等为重点的财富管理和私人银行服务有机融合，为客户量身定制综合金融服务解决方案，与时俱进创新服务模式与服务体系，由提供单一的产品和个人财富管理服务向提供家族财富管理和财富传承服务转变，提升服务品位和品质。

三是要从“便利客户、提高效率”出发，有效整合“线上+线下+代销+直销”的服务渠道体系，优化服务流程，在资源配置、风险控制体系、运营体系建设方面切实体现“以客户为中心”的理念。

四是要从打造“可托付精品私人银行”出发，强化专业投研、客户关系营销、团队管理能力建设，提升优质客户获取能力、全球资产配置能力和价值创造能力。

五是要以“相互信任、相互提携、互利共赢、共同发展”为前提，构建利于有效提升私人银行知名度、美誉度和客户忠诚度的新型银行与客户关系；要顺应银行数字化转型的发展要求，运用云计算、大数据、人工智能和区块链等新兴技术，构建“大交易、大运营、多策略、智能化、开放式”的数字化决策、投研、营销、风险控制与运营管理平台，改善高净值客户体验，让私人银行“竞争胜出”。

第九章

私人银行考核评价体系

第一节　私人银行业务管理也需要考评

考核考评，是现代企业管理的核心职能，是指管理者运用科学的方法、标准和程序，对行为主体的与评定任务有关的绩效信息（业绩、成就和实际作为等）进行观察、收集、组织、储存、提取、整合，并尽可能做出准确评价的过程，是企业绩效管理的一个环节。私人银行业务是现代银行轻资本收入的重要来源，是企业行为的典型代表，所以私人银行业务管理需要考核考评。

一、考评的实质意义

银行作为企业，其经营行为的实质是交付经营成果，围绕经营成果设计经营目标，管控经营过程，校准计划目标偏离度，因此有必要确定定量、定性的考核目标。考核考评的意义在于：首先，考核考评从私人银行客户经营目标出发进行评价，并使评价之后的人事安排、管理方向有助于私人银行经营目标的实现；其次，考核考评作为人事管理的组成部分，运用一套系统的制度性规范、程序和方法进行评价，有助于私人银行品牌口碑的传播，更有助于私人银行人才的保护和发展；最后，考核考评有助于私人银行对各个岗位、级别的成员在日常工作中体现出来的工作能力、工作态度和工作成绩进行以事实为依据的评价。

考评的实质是通过行为性的指标体系衡量私人银行机构端、员工端的绩效。目前，境内私人银行业务通常采取KPI考评方法，这种方法不需要对所有的绩效指标都进行量化。这为境内银行绩效评估中经常遇到的很难确定客观、量化的绩效指标问题提供了一个解决的办法。

我们把私人银行部门或者私人银行业务定义为现代商业银行的“利润中心”，私人银行体系中的每一个岗位都影响着私人银行业务的某个流程，或影响其流程的某个点。在订立目标及进行绩效考核时，银行应考虑岗位的任职者是否能控制该指标的结果，如果任职者不能控制，则该项指标就不能作为任职者的业绩衡量指标。比如，需要部门间协调的指标就不能作为基层员工的考核指标，而应作为部门主管或更高层主管的考核指标。

二、考评的方法简介

当今现代企业常用的绩效考核模式有以下几种。

（一）KPI

KPI是目前商业银行普遍采取的一种考评方式。KPI考核是通过对工作绩效特征的分析，提炼出最能代表绩效的若干关键指标，并以此为基础进行绩效考核的模式。KPI必须是衡量企业战略实施效果的关键指标，其目的是建立一种机制，将企业战略转化为企业的内部过程和活动，以不断增强企业的核心竞争力和持续地取得高效益。

KPI考核的一个重要管理假设就是一句管理名言："你不能度量它，就不能管理它。"所以，KPI考核一定要抓住那些能有效量化的指标并将之有效量化。而且在实践中，我们应抓住那些急需改进的指标，提高绩效考核的灵活性。KPI考核一定要抓住关键，而不能片面与空泛。当然，KPI并不是越少越好，而是应抓住绩效特征的根本。

（二）MBO（目标管理法）

笔者认为，MBO模式是企业最为成熟的一种考核方式。这种成熟的绩效考核模式，始于管理大师彼得·德鲁克的目标管理模式，迄今已有几十年的历史了，如今广泛应用于各个行业。为了保证目标管理的成功，我们应做到：确立目标的程序必须准确、严格，以达成目标管理项目的成功推行和完成；应该与预算计划、绩效考核、工资、人力资源计划和企业的战略发展系统结合起来；弄清绩效与报酬的关系，找出这种关系之间的动力因素；把明确的管理方式和程序与频繁的反馈相联系。绩效考核的效果大小取决于上层管理者在这方面的努力程度，以及上层管理者在人际关系和沟通技巧方面的水平；之后的目标管理计划准备工作是在当前的目标管理实施的末期之前完成的，年度的绩效考评作为最后参数被输入预算之中。

（三）BSC（平衡计分卡）

笔者认为，BSC模式是更适用于现代商业银行的一种考评方法。

BSC是从财务、客户、内部运营、学习与成长四个方面来衡量绩效的。BSC模式一方面考核经营的产出（上期的结果），另一方面考核未来成长的潜力（下期的预测）；再从客户角度和内部业务角度两个方面来考核企业的运营状况参数，充分把企业的长期战略与企业的短期行动联系起来，把远景目标转化为一套系统的绩效考核指标。

（四）360度反馈

360度反馈也被称为全视角反馈，是被考核人的上级、同级、下级和服务的客户等对他进行评价。通过各方评价，私人银行管理者能够知晓被考核人各方面的情况（包括他的长处和短处），从而有针对性地加以管理。

从绩效考核模式上看：KPI模式强调抓住企业运营中能被有效量化的指标，提高了绩效考核的可操作性与客观性；MBO模式将企业目标通过层层分解下达到部门及个人，强化了企业监控与可执行性；BSC模式是从企业战略出发，不仅考核当前的情况，还考核将来，不仅考核结果，还考核过程，它适应了企业战略与长远发展的要求，但不适应对初创公司的衡量；360度反馈有利于克服单一评价的局限，但应主要用于能力开发。

每一种绩效考核模式与方法都反映了一种具体的管理思想和原理，都具有一定的科学性和合理性；同时，不同的模式方法又都有自己的局限性与适用条件范围。

第二节　考评的维度

绩效考核是对企业战略目标的分解、执行、评估和改善的过程管理，考核指标的设立可以有效地反映出企业关键业绩驱动因素与衡量参数的变化，可以对业绩结果进行衡量和纠偏，因此考核的维度反映着企业管理层的战略意图。换句话说，企业管理层提倡什么、弘扬什么、抵制什么，都要通过考核的维度来明确，旨在引导员工的注意力，将员工的精力聚焦到公司整体业绩指标、部门重要工作及个人关键工作任务上。接下来，我们就从企业行为考评以及私人银行考评管理两个方面来加以介绍。

一、企业行为考评

如果你是一名企业管理者，那么你该如何设立绩效考核的维度呢？从企业角度来讲，每个年度的战略是不同的，年度管理主线（主打方向）、经营重点、市场环境、竞争对手态势、当前面临的难题、资金状况和国家行业政策等都是不同的，每个企业发展的阶段、成熟度、企业规模、业务性质等更是存在着极大的差异。不结合各个要素进行科学的分析并量身定做考核的维度，或者没有根据自身状况而是随便抄袭其他优秀企业的考核维度，肯定是行不通的。换句话讲，即使明确了当年的企业战略，在设定考核维度方面，我们也要根据绩效管理的目的来加以考量。例如：有的企业考核的目的是将绩效考核所得到的结果作为人事调动以及薪酬调整的参考依据；有的企业希望通过绩效考核为员工提供改善自身缺陷的机会，促使员工能够充分了解自身的优势和劣势；有的企业则希望通过绩效考核来激发员工工作热情，营造良好的工作氛围，提升工作效率，为企业创造更大的效益……。因此，在考核维度的设计上，我们一定要解决不知道要考核什么、怎么考、如何量化的问题。

笔者认为，绩效考核的维度确定实际上应简单明了，根本不需要那么复杂的划分。无论是公司层级还是部门层级，或者是岗位层级，其实只要抓住三个维度就可以了。这三个维度既包括硬指标，也包括软指标；既有业绩定量考核，也有行为定性考核；既符合对个体的考核要求，也符合对团体和组织的考核要求；既简单明了、好理解，又好操作、好执行；既可以应用于管理人员，也可以应用于普通员工。更重要的是，目前国内国际流行的各种名目繁多的考核方法和模型，无论其形式如何，其实都是在这三个维度的基础上引申、发展、演变、升级而来的。这三个维度如下：

（1）工作业绩：它是衡量和判断本岗位工作做得好坏的考核维度，可以涵盖任务绩效、管理绩效、职能绩效和周边绩效。任务绩效体现的是员工本职工作任务完成的结果；管理绩效包括目标业绩考核和职能考核，主要是对结果的考核，往往与企业目标管理相结合；职能绩效用于考核部门职能是否完善；周边绩效则是对与其他岗位或部门协作配合完成情况的考核。工作业绩属于财务指标、硬指标的考核维度。

（2）工作态度：被考核人员对待工作的态度和工作作风，可以从积极性、协作性、责任性和纪律性等方面加以考评，比如对遵守公共规则（包括社会规则和企业规则）、公共纪律（包括社会纪律和企业规章制度）执行情况的考核。工作态度考核也被称为行为考核、素质考核或品行考核，属于软指标的考核维度。通常，这类软指标多达120多个，例如客户服务意识、执行力、廉洁奉公、主人翁意识等。

（3）工作能力：被考核人完成各项专业性活动所具备的特殊能力、

专业技能以及岗位所需要的特定知识和操作能力。工作能力是指完成一定活动的主观本领，是完全可以被测量评估出来的。每个岗位都有特定的能力要求，先有岗，后有人。对工作能力进行考核有利于充分发挥人力资源的作用，使每个员工都明确自己的工作能力以及不足之处。

综上所述，只要围绕上述三个考核维度，人力资源就可以在设定公司或岗位的关键考核指标时，有针对性地根据该岗位的职责和绩效要求，分别在“工作业绩”“工作态度”“工作能力”三个维度做文章：选定指标后，再分别根据数量、时间、质量、成本几个要素对该指标进行分级和绩效差异的设定（例如优秀、良好、一般、改善等）。

二、私人银行考评管理

对私人银行业务而言，经营利润的来源更多地依靠客户经理的个人业绩，因此从某种角度来讲，私人银行业务可以将绩效管理作为个人业绩的管理。业绩管理受限于市场的绝对制约，例如：在市场环境不景气时，市场利率下行，个人业绩提升遇到瓶颈，因此管理重点可以调整为降低经营支出。私人银行的团队主管需要通过领导和监督确保客户经理维护好客户关系，因此私人银行考评管理应当强调学习、成长或相关内部流程等。客户经理的绩效应当通过客户满意度来考核，而客户满意度可能是增加资金净流入或提升客户资产赢利能力的重要因素。下面，笔者就重点围绕“工作业绩”维度来浅谈私人银行考评管理。

在私人银行业务中，客户经理绩效的关键指标就是管理资产增量指标，一般表述为其所管理私人银行客户可投资资产的占比。通过资金增量与存量的比例，我们可以清晰地了解客户经理的客户服务成就。对于一个团队主管来说，更为有效的方法是管控私人银行客户新增指标，而不只是关注所谓的资产管理增量指标。至少在短期内，资产管理规模上的波动更多地与市场表现相关。在私人银行业务的实际经营中，我们必须将客户经理或者经营机构的业绩与私人银行整体战略关联起来，如果客户经理没有完成预定目标，组织就应当考虑调整这些人的岗位，并且应当评估业务评价的方式或方法。

第三节　明确并选择考评指标

在私人银行业务中，私人银行客户数指标、私人银行客户管理资产增量以及私人银行营业收入是关键的考核指标。接下来，我们将逐一进行解释说明。

一、私人银行客户数

私人银行客户数指标反映了私人银行整体的经营、服务质量，它的意义在于：能直接转换为收入的增长。私人银行客户可以通过提升客户个人资产来直接获得，也可以通过MGM（客户转介客户）等市场化的渠道来源直接获取，后者的难度往往大于前者的难度。在某种程度上，客户数指标直接奠定了私人银行经营机构在市场中的地位与话语权。

二、私人银行客户管理资产增量

私人银行客户管理资产是私人银行营业收入的直接来源，是财务指标的直接体现。

三、私人银行营业收入

私人银行营业收入是一种反应能力不太强的指标，一般通过静态形式展现，但重要的是，它能将客户数与客户管理资产增量指标统筹起来。

第四节　考评中的BSC

BSC模式是常见的绩效考核方式之一，它是从财务、客户、内部运营、学习与成长四个层面，将组织的战略落实为可操作的衡量指标和目标值的一种新型绩效管理体系。

实际上，BSC模式打破了传统的只注重财务指标的业绩管理方法，因为传统的财务会计模式只能衡量过去发生的事情（落后的结果因素），无法评估组织前瞻性的投资（领先的驱动因素）。在工业时代，注重财务指标的管理方法还是有效的，但在信息社会里，传统的业绩管理方法并不全面，组织必须通过在客户、供应商、员工、组织流程、技术和革新等方面的投资，获得持续发展的动力。正是基于这样的认识，BSC模式要求，组织应从四个层面审视自身业绩：财务层面、客户层面、内部运营层面和学习与成长层面。

一、财务层面

财务性指标是一般企业常用于绩效评估的传统指标。财务性指标可显示出企业的战略及其实施和执行是否正在为其最终经营结果（比如利润）的改善做出贡献。但是，不是所有的长期策略都能很快产生短期的财务盈利。非财务性绩效指标（比如质量、生产时间、生产率和新产品等）的改善和提高是企业实现目的的手段，而不是目的本身。财务性指标衡量的主要内容包括收入的增长、收入的结构、降低成本、提高生产率、资产的利用和投资战略等。

二、客户层面

在客户层面，管理者确立了其业务单位参与竞争的客户和市场，以及业务单位在这些目标客户和市场中的衡量指标。客户层面指标通常包括客户满意度、客户保持率、客户获得率、客户赢利率，以及业务单位在目标市场中所占的客户份额。客户层面指标使业务单位的管理者能够及时调整客户和市场战略，从而创造出出色的财务回报。

三、内部运营层面

建立BSC模式的顺序通常是，在先制定财务和客户层面的目标与指标后，再制定企业内部运营层面的目标与指标。这个顺序使企业能够抓住重点，专心衡量那些与股东和客户目标息息相关的流程。内部运营绩效考核应以对客户满意度和实现财务目标影响最大的业务流程为核心。内部运营层面指标涉及企业的改良与创新过程、经营过程和售后服务过程。

四、学习与成长层面

BSC模式的前三个层面一般会揭示企业的实际能力与实现突破性业绩所必需的能力之间的差距。为了弥补这个差距，企业必须投资于员工的技术再造、组织程序和日常工作的理顺，这些都是学习与成长层面追求的目标，涉及员工满意度、员工保持率、员工培训和技能等，以及这些指标的驱动因素。

最好的BSC模式不仅仅是重要指标或重要成功因素的集合。结构严谨的BSC模式应当包含一系列相互联系的目标和指标，这些指标不仅前后一致，而且互相强化。例如，投资回报率是BSC模式的财务指标，这一指标的驱动因素可能是客户的重复采购和销售量的增加，而这二者是客户满意度带来的结果。因此，客户满意度被纳入BSC模式的客户层面。对客户偏好的分析显示，客户比较重视按时交货率这个指标，因此按时交付程度的提高会带来更高的客户满意度，进而引起财务业绩的提高。于是，客户满意度和按时交货率都被纳入BSC模式的客户层面。而较佳的按时交货率又是通过缩短经营周期并优化内部流程来实现的，因此这两个因素就成为BSC模式内部运营层面的指标。另外，优化内部流程和缩短经营周期又需要培训员工并提高他们的技术，因此员工技术成为学习与成长层面的目标。这就是一个完整的因果关系链，贯穿BSC模式的四个层面。

BSC模式因果关系为我们提供了把战略转化为可操作内容的一个框架。根据因果关系对企业战略目标进行划分，我们可以将企业战略分解为若干个子目标，这些子目标是各个部门的目标。同样，各中间目标或评价指标可以根据因果关系继续细分，直至最终形成可以指导个人行动的绩效指标和目标。

第十章

私人银行未来展望

伴随着改革开放的深入推进，中国已成为全球第二大财富管理市场，形成近百万亿级的居民资产蓄水池，但由于经济、市场、政策环境的变化，近两年来财富管理市场增速趋缓，竞争加剧。私人银行业务发展前景广阔，综合价值贡献度高，是各家银行零售业务的主战场。伴随中国经济快速发展与社会财富的快速累积，高净值人群对资产保值、增值和财富代际传承的需求日趋强烈。当前，国内商业银行私人银行已经具备了提供一定的综合财富管理解决方案的能力，可以初步帮助客户实现资产配置、财富传承等方面的财富管理目标。在下一阶段，随着国内居民理财意识的不断成熟，以及高净值人群金融及非金融需求的不断深化，中国私人银行业务将得到进一步发展和壮大。

第一节　业务经营存在的问题

在过去十余年里，伴随着经济的稳健增长和财富规模的不断扩大，中国私人银行业务取得了蓬勃的发展。但不可否认的是，私人银行的发展仍然面临着诸多问题和挑战。

一、客户综合金融服务能力亟待提升

目前，国内私人银行客户的构成以一、二代企业家及高薪收入者、家族财富管理者为主，客户自身财富的增值深深根植于企业成长之中，除了个人财富管理需求外，他们往往会对财富管理机构提出较为复杂的企业服务需求。各私人银行机构的服务体系存在重“形”轻“神”，重营销、轻服务的问题，对客户需求的分析、挖掘和引领不到位。一方面，各私人银行对客户综合金融服务需求响应能力较低；另一方面，各私人银行对存量私人银行客户的维护资源投入有限，在业务发展上出现重营销、轻服务的情况。此外，各家商业银行内部协同发挥有限，在私人银行业务上的资源整合能力较弱，服务模式较为单一，无法满足私人银行客户融资需求，难以实现私人银行客户综合金融服务，影响了业务质效，缺乏市场竞争力。

二、私人银行客户产品配置能力亟待提高

由于起步较晚，国内私人银行提供的投资产品种类较少，只包括货币市场类、固定收益类（混合类中以债券固定收益为主）、权益类投资的资管产品。各家私人银行机构的产品主要为固定收益类产品，权益类投资产品占比较低，而私募股权投资、金融衍生品、海外投资品等类别的资管产品相对较为短缺，多类别资产配置能力亟待提升。此外，由于分业监管限制，商业银行私人银行在很多领域的投资不能直接开展，如果想开展相应资产的投资，则需要通过建立嵌套架构等方式来实现，尤

其在权益类资产投资、跨境投资等领域的限制尤为明显。这大大增加了投资管理成本，降低了私人银行为客户提供资产配置服务的效率，降低了投资管理的灵活度。

三、队伍的职业化、专业化水平亟待提升

高净值人群多属于精英阶层，其中有很大比例是职业经理人、专业投资人士。他们大多受过良好的教育，对金融产品及服务的理解力较强，这决定了客户服务人员需要具备很强的专业服务能力及从业经验。此外，由于高净值人群多元化的人员结构与需求特征，私人银行客户经理还需要具备丰富的会计、法律、心理学等领域的专业知识、技能甚至从业资格。这对从业人员知识的深度和广度提出了更高的要求。受制于薪酬激励体系及人才引进机制，商业银行私人银行较难吸引到相关领域的优秀人才，也难以最大程度地发挥相关领域人才的专业优势。目前，我国私人银行团队的从业人员偏年轻化，不少是从银行理财经理简单过渡到私人银行从业人员的，其专业化经营程度还不足；虽然从业人员掌握了一定的专业知识，但复杂类产品销售能力和服务经验不够充足；员工个人综合素质参差不齐，跟国外的私人银行家相比还有一定的差距。除此之外，国内私人银行业务发展历程较短，专业的从业人员准入条件不明确，培训体系并不是很健全。因此，大多私人银行服务团队从业资历较浅，不具备深厚的专业知识和社会经验，对客户的服务难以深入。高素质人才的缺乏和人才培养机制的不健全也就成为我国私人银行业务发展面临的难题。

四、同质化严重，创新程度较低

受商业银行经营体制制约，国内私人银行尚未形成成熟的产品研发和业务创新机制，产品及服务同质化严重。一方面，私人银行在金融产品上的研发和管理能力较弱。在欧美金融发达国家，私人银行的产品可以覆盖银行、证券、信托、保险等多个领域，可以根据风险及收益需要组合产品。当前，我国私人银行推出的投资产品种类较少，投资组合和资产配置方案相对简单，同质化严重；私人银行从基金公司、证券公司、保险公司、信托公司等金融机构代销产品时，由于缺乏系统的资产管理经验和专业人才，在风险识别及产品管理上也较为粗放，资产管理上的主动性和时效性不高。在客户服务中，出于对客户后期维护难度的考量及对产品理解程度的限制，客户经理仍倾向于为客户进行低风险的固定收益类产品配置，对高风险及复杂型产品销售的意愿及能力都相对较弱，难以适应当下客户多元化、复杂化的综合化投融资需求。另一方面，尽管各私人银行有着名目繁多的增值服务，客户沙龙活动越发丰富和精彩，但服务的差异化其实并不明显，且很多服务都是由市场上的第三方专业机构提供的，难以体现出私人银行的核心竞争价值。

私人银行机构的创新程度较低。私人银行产品和服务创新的基础是客户的差异化需求，需要私人银行从业人员在深入了解客户个性化需求的基础上，一切从客户利益出发，勇于创新、勇于变革，因事而化、与时俱进，用创新推动私人银行转型发展，用创新提升客户综合价值贡献度，依靠创新实现与客户“同成长、共发展”。《2019中国私人财富报告》显示：“高净值人群投资心态整体趋于谨慎，对财富的长期积累产生更高的期望。他们普遍对各类资产的风险有了更客观的认识，不再盲目追逐投资热点，而是更加理性成熟地进行资产多元化配置。高净值人群在复杂的市场环境中更加成熟理智，对财富管理机构资产筛选、组合配置、风险控制和客户体验等四大专业能力的要求进一步提高。”目前，我国私人银行产品创设创新力度仍不足，在产品供应上，固定收益类、混合类、权益类等多种产品的组合供应不够丰富，导致客户资产配置缺乏多样性、差异化，影响了客户的黏性与管理资产能力的提升，未能充分有效地适应客户需求的变化。此外，私人银行在融资方面还未找到发力点，而对私人银行超高净值客户的融资支持（比如信用贷款）不仅利于加大客户的黏性，而且能有效带动商业银行资产业务。

第二节　私人银行六大发展趋势

在我国金融行业加速开放、财富管理市场蓬勃发展的大背景下，私人银行客户对为其提供服务的私人银行的期待值不断提高，更加注重解决方案的独特性、服务的快捷性以及产品的综合性。这些变化无疑将为私人银行带来一些以往未曾出现的挑战。然而，能够根据这些变化及时调整的私人银行，将会借此时机重新审视自己的业务模式，调整市场营销策略，改善客户识别以及客户维护系统，从而抓住机遇，进一步提高自身的综合竞争力。伴随市场、经济及政策调整，私人银行业在未来几年中将呈现以下六个方面的发展趋势。

一、“新生力”拥有新需求

私人银行客户需求从简单追求保值和增值转向更加关注财富管理机

构的资产筛选能力、组合配置能力、风险控制能力和客户体验。《2019解码中国“新生力”白皮书》指出：活跃在中国的25～45岁年轻企业家群体，他们是中国的“新生力”，是新经济的开拓者。根据调研结果，在财富管理方面，“新生力”正处于财富创造和积累的重要人生阶段，同时已经累积了一定基础的个人财富，如何合理地配置资产、实现资产的保值增值成为“新生力”最为关注的问题。五成“新生力”有全球金融投资的经历，并展现出较强的风险偏好，股票与基金的持有比例较高。对于选择金融机构的标准，“新生力”更看重专业性与个性化定制。在人生规划方面，“新生力”对子女教育尤为重视，八成人群已规划子女留学；父母养老规划以居家为主，但自身更能接受高端社区养老；国际身份规划需求呈下滑趋势。在品质生活方面，他们更关注医疗健康（76%）与旅游（75%）：国际医疗体验率较高，以体检类健康管理项目为主，医美需求正快速兴起；旅游偏好自由行或者个性定制的旅游产品。私人银行定位于高净值客户，而不断崛起的“新生力”正是私人银行的核心潜力客户，各大私人银行应以客户为中心，了解核心客户的需求变化，提供伴随式服务，并在“新生力”不同的成长阶段提供更具针对性的服务。

二、行业增长呈现新的驱动力

开放式的产品组合方案和以客户需求为中心的服务模式将成为行业增长的主要驱动力量。一方面，开放式的产品组合方案将成为未来市场的主流，这主要源于2008年金融危机后，高净值客户更倾向于简单透明、流动性好的产品，放弃了高风险和复杂的资产类别；此外，客户对产品的选择异常谨慎，希望看到风险与收益更加清晰、透明的投资组合，同时对价格透明度的要求有所提高。私人银行应根据客户的需求，直接联系各个资产类别的顶级供应商提供市场最优产品，并提供动态化产品管理，包括向客户提供购买新产品及提前退出的机会。另一方面，以客户需求为中心的服务模式作为私人银行的特色将有效提高客户满意度。“以客户为中心”并非一句空话，而是贯穿私人银行业务的整个服务流程：私人银行在充分了解客户需求、分析客户特征与风险属性后，从大量产品中为客户甄选制订适合的投资方案，再与客户达成共识，确定最优投资策略；而后在实际运作中，及时向客户反馈信息及检测实施效果。在充分了解客户的过程中，经过与客户的不断沟通交流，私人银行能够有针对性地展现自己的优势，增强客户对私人银行的信任、信心及忠诚度。

三、合规将成为私人银行战略和运营的重要考虑因素

全球金融服务业日趋严格的监管环境将影响私人银行的经营策略，私人银行的业务模式需要根据监管的快速变化而做出动态调整。私人银行不仅需要在技术上合规，而且要更深入地对广泛的业务、技术、流程和操作进行重新设计。各大私人银行需要了解日益复杂的全球监管制度，尤其是细节上的变化，同时需要了解影响成本和业绩增长的重要因素。要做到这些，私人银行需要更及时地采集数据，使用更有效的管理系统进行风险分析。企业主老龄化的到来将催生更多的传承保障需求，私人银行客户群体新生力的崛起将带来较为前沿的资产配置理念，国际化进程加快带动了客户全球资产配置的需求。伴随着国内投资者投资理念的不断成熟，人们对金融及非金融需求的多元化程度及专业化程度上升，对私人银行经营产品及服务的专业性和全面性提出了更高要求。

四、家族办公室迎来新契机

综合目前市场发展现状并借鉴国外家族办公室发展途径，未来10年，国内家族办公室将迎来巨大的发展契机。《2018中国企业家家族传承白皮书》显示：超高净值企业家的数量呈现稳步增长态势，截至2018年1月，大中华区亿万资产企业主家庭数量为106 400户，比上年增长17.2%；未来，亿万资产企业主（家庭）数量还会持续增长，他们对于财富管理和传承的意识越来越高，将是家族办公室的潜在客户。未来10～20年，中国可能迎来历史上规模最大的家族企业接班浪潮，超高净值企业家对能提供家族治理和家族企业治理等复杂化、精细化、专业化的家族办公室的需求也会越来越大。国内家族办公室近年来大量涌现，但与国外成熟的家族办公室相比，其在发展理念、模式、专业化程度等方面还有较为明显的差距。从人才储备到业务资质方面，目前的市场监管还需进一步完善。随着家族办公室成为超高净值企业家的刚需，国家政策环境以及法律体系势必需要满足超高净值企业家的需求才能更加完善健全。在监管制度逐步完善以及超高净值企业家对家族办公室逐渐熟悉并认可的情况下，家族办公室市场将逐步进入规范化和专业化的未来。

五、构建品位、品质、品牌服务体系，增强核心竞争能力

各家私人银行将围绕自身品位、品质、品牌构建服务体系，增强核心竞争能力。一个有效率、有竞争力的服务体系，是私人银行克敌制胜的法宝。私人银行客户都是高净值客户，其金融服务需求和非金融服

务需求多元化，客户间的价值差异较大，对服务的品位和品质要求较高，因此私人银行服务体系建设要因地制宜、因人而异，体现服务的专业化、个性化、差异化。这不仅涉及管理文化、服务理念，而且包含着服务渠道、服务工具、服务流程、风险控制及运营体系、售后服务及客户投诉处理机制等。各家私人银行只有秉承“开放、共享”的新发展理念，优选客户体验好、产品权益优、私人银行贡献度高的获客渠道和权益供应商，以休闲、娱乐、时尚、健康养生、文化教育、保险养老等产业客户为重点，全面解决好私人银行客户个人、家庭和企业的综合服务需求，才能做到银行、渠道和客户三者互利共赢、共同发展。

六、离在岸一体化趋势显著

近年来，在国家政策的鼓励下，国内企业纷纷“出海”，使得我国成为海外投资的生力军；国内经济高速发展，也为境外合格投资者投资国内股市、债市与货币市场创造了条件。这些都为私人银行业务国际化提供了广阔的发展空间，私人银行为高净值客户提供离在岸一体化金融服务已是大势所趋。可以预见的是，在下一阶段的业务发展过程中，私人银行将通过体制机制改革、跨境联动、跨界合作提高私人银行业务国际化程度，在加大客户、产品、信息、资本与管理的离在岸共享的同时，提升私人银行国际金融市场的分析与预判能力，通过持续的服务创新、科技创新，满足高净值客户全球化产品与金融服务需求。

第三节　提升六种能力

私人银行业务已经逐渐成为众多金融机构经营发展的战略重心。在这一过程中，私人银行需要紧紧抓住经济转型过程中的战略发展机遇，充分发挥自身资源禀赋优势，通过不断提升自身经营管理能力、提升高净值客户的综合服务能力来满足客户日趋多元化的金融服务需求，积极应对新挑战。

一、开发与经营高净值客户的能力

新时期私人银行业务的发展，要重点提升开发与经营高净值客户的能力，在市场上树立强大的品牌形象，发挥银行在渠道、专业、产品与信息方面的优势，提升价值创造能力与需求满足响应能力。一是要通过圈层效益分析，有的放矢开展渠道获客，运用差异化策略，走进对的圈层赢得信任，行之有效地提升获客效果；二是要在取得各圈层客户信任的基础上，通过客户转介、圈层活动等多种方式，提升私人银行获客渠道的外拓能力；三是要去伪存真、去粗取精，深度挖掘和精准把握私人银行客户的真实需求，增强需求分析和挖掘的有效性，为引领和创造客户需求奠定坚实基础；四是要有的放矢，从客户需求个性化、差异化出发，换位思考，开展精准营销，提高营销成功率；五是要用心服务客户，用卓越服务超越客户期望，用高品质售后服务提升客户黏性与忠诚度；六是要培养私人银行服务团队的创新思维，营造“团结紧张、严肃活泼、奋发有为、开拓进取”的团队文化，提升私人银行团队的凝聚力、战斗力与执行力。

二、综合解决方案执行能力

私人银行客户都是高净值客户，其金融服务需求和非金融服务的需求多元，客户间的价值差异较大，对服务的品位和品质要求较高，因此私人银行要围绕“了解客户需求，分析客户需求，引领客户需求”，提升需求创造能力，与客户建立更深层次的关系。此外，私人银行还要提升专业能力，打造综合解决方案执行能力。综合解决方案是私人银行差异化市场竞争的重要体现，在财富传承、跨境金融等领域，有些银行已经形成初步优势，取得了较好的市场效果。新时代私人银行业务要从客户需求出发，依托金融功能和优势能力，重点发展综合解决方案的设计、执行和交付能力，优化客户体验。

三、数字化转型与科技赋能能力

在金融科技时代，按照金融行业“数字化、智能化、流程化、开放式”的发展趋势，各私人银行机构要善于利用金融科技手段，围绕客户生命周期，有机结合银行自身客户数据体系与外部合作机构数据分析，从潜在客户拓新、客户经营、产品销售等视角开展私人银行客户数字化精准营销，构建和完善私人银行客户画像的标签体系，构建线上线下一体化的服务体系，推进服务、经营和管理系统开发；通过科技赋能、大数据分析开展精准营销，助力私人银行的新客获取以及不断提升私人银行客户的保级率。通过金融科技创新实验室、AI营销实验室等方式，私人银行机构可以提前预判客户行为、模拟市场交易、找准客户服务痛点，切实提升金融服务实体经济的效率和能力。

四、合规经营和风险管理能力

金融严监管态势日趋明显，私人银行业务面对的各项检查的频度和力度也会持续加大，各家私人银行要按照客户风险承受能力与产品风险匹配的原则，向客户推介产品，坚决杜绝为卖产品而根据历史业绩主观臆断收益、虚假宣传、隐匿风险；要切实落实好产品销售中的“双录”制度，全面、真实、客观、准确地向客户揭示产品风险；坚决杜绝代客户决策等违规销售行为。私人银行业务部门要完善合规及风险管理体系建设，熟练掌握监管政策，要搞清楚哪些可以做、哪些不可以做以及为什么不可以做；要正确处理好业绩与合规、短期效益与长期效益、管理资产增长与客户综合价值贡献度等的关系，对于分支行的咨询，要及时、准确地给出专业意见和建议；继续梳理私人银行在合规内控方面的短板和问题，从源头和制度体系上进行弥补与整改，要用专业赢信任，用合规创效益，持续营造合规文化氛围，着力提升合规经营能力。

五、队伍专业素质打造能力

财富管理市场的竞争趋于激烈，各类金融机构正加大投入，争取在私人银行市场中占有一席之地。面对竞争，打造一支素质高、精通监管政策、业务娴熟、技能过硬、爱岗敬业的私人银行专业服务团队是重中之重。一般来说，目前国内的私人银行服务团队包括支行端的私人银行客户经理、分行端的财富顾问以及总行端的投资顾问队伍。一方面，私人银行队伍要组织私人银行营销服务团队全面加强对党的路线、方针、政策的学习，加强对重大监管政策、客户关系营销管理以及银行、信托、保险、基金、证券制度等政策和专业知识、专业技能的学习，建立属地化、常态化学习机制，突出“实战、实用、实效”导向，持续巩固和提升学习效能。另一方面，私人银行队伍要向客户学习，向同业学习，持续学习政策法律、产品心理学、营销技巧等，增强学习的实用性，克服学习上的形式主义与教条主义，以全面有效提升私人银行条线员工的政策水平、专业素质与专业技能。另外，私人银行全员全面培训常态化不容忽视。私人银行要以产品、专业知识和技能为重点，以“专业知识+专业技能”为抓手，强化自身知识与客户需求的匹配度，优化私人银行从业人员的知识结构，强化专业资质认证管理，着力推动私人银行队伍培训赋能。

六、创新及价值创造能力

加快实现金融开放是未来市场发展的总趋势，允许外资机构设立控股金融机构、涉足支付清算和财富管理市场，必将加剧私人银行业务竞争。私人银行机构要居安思危，充分发挥本土优势，主动学习，创新思维与工作方法，围绕新生代、富二代高净值人群需求变化，把握“个人+家庭+企业”私人银行服务发展大势，提升需求分析与管理能力，引领、创造客户需求，持续开展产品与服务创新，全面提升综合服务能力；通过强化专业化资产配置，提高客户忠诚度、稳定性和价值贡献度；在存量私人银行客户需求管理上，要建立重要客户的需求反馈与响应机制，为客户提供专业化、综合化、差异化金融服务需求的解决方案。